監修●野村俊明・青木紀久代・堀越勝

これからの対人援助を考える
くらしの中の心理臨床

トラウマ

編●藤森和美・青木紀久代

③

福村出版

[JCOPY]〈出版者著作権管理機構 委託出版物〉
本書の無断複写は著作権法上での例外を除き禁じられています。複写される場合は、そのつど事前に、出版者著作権管理機構（電話 03-3513-6969、FAX 03-3513-6979、e-mail: info@jcopy.or.jp）の許諾を得てください。

はじめに

　本巻では、「トラウマ（心的外傷）」をテーマに、様々なくらしの場面で心理臨床家の出会う「トラウマ」の問題に迫る。トラウマとは何か、その成り立ちや症状や問題行動の多様性、対応や家族などの支援者のもつべき態度などを、実際に役立つ視点で展開する。

　DSM-5では、「不安障害」にこれまで含まれていたPTSD（心的外傷後ストレス障害）・ASD（自閉症スペクトラム障害）・強迫性障害が外され、疾病概念がシンプルに整理されてきた。診断がつくかつかないか、といった問題とは別に、「トラウマ」は、私たちの日常の中でいつ経験するとも限らない。誰もがもっともだという事件や事故、災害の被害のような目に見えやすいトラウマもあれば、親密な人間関係の中で起きる見えにくいDV（ドメスティックバイオレンス）、デートDV、虐待の被害といったものまである。被害体験は、幼児から高齢者まで実に幅広い。

　トラウマをもつ本人は、強い衝撃や影響を受けているために、援助を受けるべきか、治療が必要かという点を見極めることが難しいものだ。また、被害者の周囲の人々も、トラウマに圧倒されてしまい、被害体験に触れることを恐れ、なるべく回避しようとする。

　しかし、トラウマが放置された場合の回復は非常に厳しく、長く問題を抱えるか悪化させる方向にいくと考えられる。事件や事故の被害者がそのことを話さないのは、忘れているわけではない。むしろ、一日も一時間も一秒たりとも忘れられないと言う方が正しいかもしれない。幼い子どもは言葉にできず、苦しんでいる可能性があり、声なき声が身体症状や問題行動として現れたりする。

　本書では、心理臨床の専門家が体験する、トラウマを抱える人の日常生活の事例を、架空事例に変更して報告する。実際の臨床現場で役立つ事例を揃え、それらの対応について、様々な専門の立場・職種からの検討が行われている。トラウマをもつ人々を、日常生活において心理的にどのように援助していけばよいのか、困惑し、迷う支援者の方々に具体的な示唆を与えてくれることだろう。

　本書は、前半の事例編（第Ⅰ部）と、後半の理論編・資料編（第Ⅱ部・第Ⅲ部）に分かれている。事例編では、生活場面を大きく五つの領域に分けた。第1章では地域・家庭、第2章では学校・教育、第3章では救援・支援、第4章では医療、第

5章では福祉をめぐって、身近で起きる事例をアレンジしてわかりやすく解説することにより、トラウマへの偏見や誤解を解き正確な情報を提供できることを目指している。

後半の理論編・資料編では、トラウマやPTSDの歴史や診断・治療法についてまとめた。支援者として、被害を受けた当事者理解に科学的で実証的な説明が求められることも少なくない。その意味でも、専門性を重視しながらわかりやすさに重点を置くように努めた。

本著が、日々のくらしの中で対人援助を業務とされている方、またトラウマを抱える方やその家族などに役立つことを、心から願ってやまない。

2016年 初秋

編者　藤森和美・青木紀久代

シリーズ刊行の趣旨

生活全体を視野に入れた心理的援助のあり方の模索

　これからの心理的援助は、医療施設や相談室の内部での心理面接という枠から離れて、クライエントの「生活」を援助するという観点をもった援助のあり方を検討することが、ますます重要となると思われます。これは病院・施設での医療やケアから地域での医療・ケアへという社会全体の動きに連なるものであり、これまで以上にそのニーズが加速していくのは必至であると思われます。

　診察室、面接室での臨床が基本であることは間違いありませんが、家庭・学校・職場・地域などで援助を求めているクライエントも少なくないと思われます。面接室だけにこだわっていると、適切な援助ができないこともあるかもしれません。面接室の外に目を転ずれば、必然的に様々な専門家（および非専門家）との協働作業（コラボレーション）が意識されることになります。医師・看護師・ケースワーカー・作業療法士・理学療法士等、医療関係者だけでも様々な職種があります。医療施設の外に出るならば、クライエントは家族・教師・職場の上司や同僚・福祉関係者等、もっと多くの人々との人間関係の中で生活していることが分かります。

　面接室の中では専門家として完結することができるかもしれませんが、面接室を飛び出せば、おのずと様々な専門家あるいは非専門家との交流の中で、自分が何をなすべきかを模索せざるをえなくなります。こうした文脈の中で私たちはどのような役割を担うことができるのか、これも本シリーズで考えてみたいことです。

シリーズのキーワード

　これまでに、精神医療や心理的援助についての専門書は数多く出版されていますが、そのほとんどが面接室での臨床に焦点が当てられています。本書のシリーズでは、次の三点をキーワードとして企画・編集がなされています。

　　①生活の場での心理的援助
　　②理論や技法にこだわらない状況に応じた援助

③対人援助職のコラボレーション

こうした観点から、医学的な知識を積極的に活用しつつ、「生活全体を視野に入れて記述された事例」の実際を紹介することで、生活の様々な場面で、心理的援助を行う際に役立つ情報を提供することを目指します。

本書の構成と活用方法

本書は、およそ次のような構成となっています。最初から順を追って読んでもよいし、目次や索引から、興味のあるところを読み進めてもらってかまいません。活用方法と合わせてまとめておきます。

●第Ⅰ部・事例編

本書の中心は、前半の事例編です。いくつかの生活領域ごとに章立てがなされており、各巻のテーマとなる事例が掲載されています。どんな事例が含まれているのか、またその領域の特徴などについて、各章の最初に簡潔に述べられています。

本書の構成（事例編）

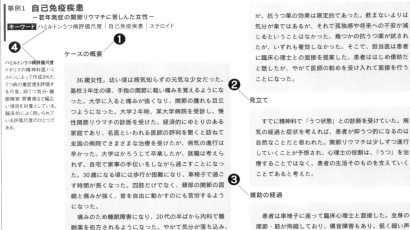

各事例には、最初に❶ケースの概要が書かれています。そこから心理的援助のための❷見立てが行われます。当然ながら、単なる診断事例と異なり、援助を行う場によって、概要のところで記載できる情報は、様々です。たとえば医療機関のように、初診から比較的多くの情報が得られるところから、くらしの中でだんだんと問題が浮き彫りにされ、どう援助機関につながるかが中心的な問題になってくるところまであり、時間的な経過で得られる情報の特徴が異なります。

　次に、最初の情報からどういった❸援助の経過をたどったのかが記載されています。各ページには、本文とコラムの欄があります。重要な❹キーワードの解説と、関連するページや参考文献が記されていますので、必要に応じて確認してくださると理解が深まるでしょう。

　各事例の最後に❺考察がまとめられています。心理の基礎知識に加えて、医療的な知識が多く書かれていることは、他分野の援助者にとって助けになることが多いと思います。

　なお、各事例は執筆者の実際の経験から構成されていますが、患者さん（クライエント）が特定できないよう配慮されて記述されています。

が語られた。心理士はどう応えてよいのか分からず沈黙するしかなかった。患者の家族は、患者が心理士に会うのを楽しみにしていると医師や心理士に感謝の言葉を述べた。

　面接を始めて数年経った頃、大腿骨頭の破壊が進み、痛みが増悪したため人工股関節に置換する手術を受けることになった。大きな手術であり、患者の不安は強かった。臨床心理士は患者の希望により医師が患者と家族に手術の説明をするのに立ち会った。

　この患者との面接は、およそ10年にわたり続けられた。相談に来る頻度はだんだん減っていき、最後は数か月ごとに近況を報告に来る程度になった。その間にも病気は進行し、患者は寝たきりに近い生活になっていった。患者が面接に来られなくなってからは、時折手紙のやりとりをするようになった。今も年賀状と暑中見舞いのやりとりが続いている。

❺
考察

　関節リウマチ rheumatoid arthritis は、原因不明の慢性的な関節炎を主徴とする疾患である。**自己免疫疾患**のひとつと考えられている。女性に多く発病し、0.3-0.5%の有病率が推定されている。すべての滑膜関節に炎症が生じるが、手指から始まることが多い。進行すると骨が破壊され、関節が変形、脱臼し、可動性を失う。関節炎以外では、血管炎・心外膜炎・肺線維症などの合併をみることがある。患者は痛み・運動制限に悩み、QOLが著しく低下する。美容上の問題もある。さまざまな薬物療法が試みられているが、いまだ決定的な治

ながら過ごすことを余儀なくされる。最善の治療を受けても、多くの患者は病気が進行していく。患者のQOLを維持するうえで、関節拘縮を防ぎ、可動範囲を狭めないための根気よいリハビリテーションを続けることが大切である。痛みに耐えながら、治癒する希望を持ちにくい、進行を遅らせることを目標とするリハビリテーションを続けるのは辛抱がいることである。

　医療関係者にできることは、患者を支え、慰め、励ますことである。**慢性疾患**、特に進行性の慢性疾患をもつ患者は、長く生きればそれだけ長く痛みや苦しみとつきあうことになるという逆説を生きることになる。特に、この患者の場合本来なら一番楽しいはずの若い時代からの苦しみの中に投げ出されている。このような患者をどのように支えるのかは、すべての医療スタッフに課せられた大きな課題である。患者が投げやりになって治療を受けることを放棄し、リハビリを止めてしまえば、病気の進行を早めることになる。

　患者を支えるためには、現実生活の中で患者が直面する具体的な問題にともに取り組むことも必要である。主婦であれば、家事・育児に支障が生じるし、性生活を含む夫婦関係の問題が浮かび上がってくることも少なくない。面接を通して心理的精神的に支えるとともに、患者の生活全体を支えていくという姿勢が求められるだろう。この患者の治療やケアの過程では、心理士の果たした役割は大変大きなものがあったと思われる。困難な慢性疾患の患者とのかかわりは、心理士に課せられた重要な役割のひとつであろう。
　　　　　　　　　　　　　　　　　　　　　　（野村俊明）

自己免疫疾患
何らかの理由で、本来は外敵（細菌やウイルスなど）に対して生体を防御する機能である免疫系が、自己の成分を攻撃してしまうことから生ずる疾患。膠原病・リウマチ性疾患・内分泌性疾患など多様にわたる。

ステロイド
ペルヒドロシクロペンタノフェナントレン核をもつ化合物の総称。コレステロールやステロイドホルモンなどがある。
ステロイドを含む薬物は強い抗炎症作用も抗自己免疫作用を有し、幅広く使用されている。アトピー性皮膚炎における外用薬、臓器移植後の免疫抑制のためのステロイドパ

●第Ⅱ部・理論編／第Ⅲ部・資料編

　各巻のテーマにそって、心理的援助に必要な専門的理論がまとめられています。治療論や社会的問題、学術的動向に関する論考などが含まれています。また、統計的資料や援助機関の情報などが、資料編で提供されています。

用語の表記

　各巻によって統一を図っていますが、職種によって表記の慣例が異なるものや、その臨床領域によって使用される頻度の異なる用語が多くあります。監修において、いくつか話題になったものを以下に挙げておきます。

●心理的援助の担い手について

　特定の資格名称でないものとして、「心理臨床家」、「心理職」などを採用しました。「心理臨床家」という用語は、臨床心理学の専門家にとって馴染みのある言葉だと思いますが、医療関係者の間では、あまり使われないようです。様々な場で心理相談を行う職務があり、職場によって心理の専門家のポストを表す名称が異なることも多くあります。このようなことから、事例の中にふさわしい職名がある場合には、できるだけそれを優先させています。

　また本書では、心理の専門資格名称として「臨床心理士」を使用しています。この資格は、公益財団法人が認定しているもので、心理的援助を行う専門家の養成を行う指定の大学院修士課程を修了した者に受験資格があります。5年の更新制度などによって常に研鑽が求められています。30年近くの間に約3万人が取得し、様々な分野で活躍しており、社会的に広く認知されています。本書の執筆者の多くがこの資格を有しており、事例に登場する心の専門家は、基本的に臨床心理士養成課程を修めた水準にある人を想定しています。

　現在心理職は、国家資格の整備が進められており、数年後には国家資格を併せ持った臨床心理士が誕生することとなります。国家資格化とともに、心理職の活用される場が一層広がることが期待されます。心の援助とは何か、またその専門性とはどういうものなのか、といったことが、社会的にも大きく問われていくことになるでしょう。

　本シリーズでは、各巻のテーマにそぐわしい個々の現実的な事例に立ち返りながら、基本を学ぶことを大切にしたいと考えています。その上で、これからの対人援助のあり方について、広く問うていくことを目指しています。

● **心理的援助について**

　医療では、「診断」、「治療」という言葉が当たり前ですが、生活場面で直接これを心理の専門家が行うことはありません。そのためこの二つの用語は、医療場面に限定して使用しています。

　他の場面では、「ケア」、「援助」あるいは「支援」という用語が多用されています。治療の目標は治癒することですが、「ケア」という言葉は症状の改善を目的とする狭義の治療ではなく、クライエントを全人的に支えることを目指した関わりになります。心の援助が必要な人には、障害や治癒を望めない状況にある人も含まれています。

　「援助」と「支援」は、使い方の定義が明確にはいかず、医療、福祉、心理、教育など、専門分野によっても違いが見られます。少なくとも心理の場合は、「援助」というとクライエントに直接的な対応をしており、「支援」というと制度や環境などの間接的な対応も広く含まれてくるニュアンスが見受けられますが、これも統一されていません。本書でも、既存の専門用語以外は、ほぼ同義として使用されています。

● **心理療法について**

　精神科で行われているものは、「精神療法」、それ以外の場で心理職が行う場合は、「心理療法」と呼ぶことが多いと思います。どちらもpsychotherapy（サイコセラピー）であって、内容が大きく変わるわけではありません。誰がどこで行うものか、という援助者側の問題が反映されています。また特定の心理療法の訓練を受け、それを行う人を「セラピスト」あるいは「治療者」と呼ぶことがありますが、本書では、「心理」という言葉が入るように統一しました。

　これ以外の用語については、各巻の編者を中心に取り決められています。生活場面によって、用法が大きく異なるものは、各章で触れられています。

　このシリーズは、私たちが長らく開催してきた「協働的心理臨床を考える会」から発想が生まれ、福村出版の協力で企画が実現しました。すべての協力者に、感謝いたします。

2016年　初秋

シリーズ監修者　野村俊明・青木紀久代・堀越勝

目次

はじめに 3
シリーズ刊行の趣旨 5

第Ⅰ部　事例編

第1章　地域・家庭　14
事例1　**犯罪被害者支援**　16
　　　－殺人事件被害者遺族への刑事手続きの支援を含む長期にわたる支援－
事例2　**ドメスティックバイオレンス**　21
　　　－DVから保護に至るまで－
事例3　**ネグレクト**　25
　　　－母親の知的障害を背景としてネグレクトが生じた事例－
事例4　**自殺**　30
　　　－児童期・思春期の子どもを抱える自死遺族の母親－
事例5　**性犯罪被害**　34
　　　－強姦被害により外出や就労継続が困難になった女性－

第2章　学校・教育　38
事例6　**いじめ・不登校**　40
　　　－保護者自身のいじめられ体験が影響した不登校対応－

事例7　非行とトラウマ　*44*
　　　－性被害体験から性非行・薬物乱用に至った女児への支援－
事例8　災害　*48*
　　　－震災によるトラウマと悲嘆を抱え、未来図を描けなくなった高校生－
事例9　大学生　*52*
　　　－発達障害によるいじめがトラウマとなった大学生－

第3章　救援・支援　*58*
事例10　災害救援組織における惨事案件への対応　*60*
　　　　－同僚の死から生じた惨事ストレスの影響を乗り越えた救援組織－
事例11　行政職員のストレス　*64*
　　　　－震災後、過労によるうつ病－

第4章　医療　*68*
事例12　人格障害　*70*
　　　　－養育環境と攻撃性の関連が疑われた症例－
事例13　統合失調症と性被害　*74*
　　　　－病状による被害誘発と、被害による病状悪化－
事例14　うつ病　*79*
　　　　－交通事故後にPTSDとうつ病を発症した症例－

事例15　発達障害とトラウマ　*83*
　　　　―いじめ被害により学校不適応となった自閉症スペクトラム障害を伴う高校生―
事例16　複雑性悲嘆　*88*
　　　　―子どもを亡くした女性―
事例17　社交不安障害　*92*
　　　　―人前での震えについて恐怖を訴える男性―
事例18　被害者と裁判　*97*
　　　　―被害者が裁判に挑むことの難しさとその意義―

第5章　福祉　*102*

事例19　児童養護施設で　*104*
　　　　―理不尽な暴力に曝されてきた子どもが抱えるトラウマ―
事例20　乳児院で　*109*
　　　　―身体的虐待とネグレクトを受けて入所した1歳児―
事例21　児童相談所でみられるトラウマ　*113*
　　　　―母親から身体的虐待を受けた男児のケース―

第Ⅱ部　理論編

　1　トラウマの歴史と変遷　*120*

2 PTSDの有病率　*127*
　　―何がトラウマになるのか―
3 トラウマ症状とその周辺　*134*
4 トラウマの治療(1)　*139*
　　―薬物療法―
5 トラウマの治療(2)　*146*
　　―認知行動療法―
6 トラウマの治療(3)　*151*
　　―精神分析療法―
7 子どものトラウマ　*158*
　　―乳児期を中心として―

第Ⅲ部　資料編

PTSDの歴史と世界的トラウマティックイベント　*168*

索引　*180*
執筆者一覧　*182*

第Ⅰ部 事例編／第1章 地域・家庭

事例1　犯罪被害者支援
　　　－殺人事件被害者遺族への刑事手続きの支援を含む長期にわたる支援－
事例2　ドメスティックバイオレンス
　　　　　　　　　　　　　　　　　－DVから保護に至るまで－
事例3　ネグレクト
　　　　　－母親の知的障害を背景としてネグレクトが生じた事例－
事例4　自殺
　　　　　　－児童期・思春期の子どもを抱える自死遺族の母親－
事例5　性犯罪被害
　　　　　　－強姦被害により外出や就労継続が困難になった女性－

- 本章は、いわゆるトラウマ的な体験をした本人または家族の臨床を取り上げている。いずれの事例の背景にも、「児童虐待の防止等に関する法律（児童虐待防止法）」、「配偶者からの暴力の防止及び被害者の保護等に関する法律（DV防止法）」、「犯罪被害者等基本法」、「自殺対策基本法」、「児童福祉法」が存在する。また、支援に際しては、民間被害者支援センター、児童相談所、配偶者暴力相談支援センター、児童家庭支援センターの果たす役割は大きい。支援者はどの現場にいても、必要な場合はこれらの施設へ適切な手続きを踏まえて連携ができることが望ましい。
- 事例1では、被害者遺族の刑事手続きへの道筋を多様な角度の支援を得ながら進めていく過程が描かれている。必要とされる事務手続きとそれに伴う心労をあらかじめ予測した上で、様々な決断ができるように不安を軽減する働きかけがなされている。
- 事例2では、ドメスティックバイオレンスの被害者が自分から支援を求めるように、クリニックの臨床心理士は適切な心理教育を行い、さらに専門相談機関へ橋渡しをした。暴力が現在進行形である場合は生命の危機を考慮した介入が必要である。
- 事例3の母親の知的障害を背景としてネグレクトが生じた事例では、母子双方の正確なアセスメントが重要であり、また母子並行の支援が必要である。子どものトラウマ反応の理解から母子関係の修復がなされる過程が詳述されている。
- 事例4の児童期・思春期の子どもを抱える自死遺族の母親では、キーパーソンとなる母親を中心に家族成員それぞれに応じた支援を同時に進める必要がある。スクールカウンセラーは子どもの心理的な問題を発見することだけではなく、支え手である母親の支援も視野に入れる必要がある。
- 事例5の強姦被害により外出や就労継続が困難になった女性への支援には、近年開設されたワンストップ支援センターが大きな役割を果たしている。支援の過程でストレングス（本人の持つ強み）を発見し、うまく活用することで、回復へのステップが促進されている。
- この章全体で共通しているポイントとして2点挙げる。まず、支援にはいわゆる心理療法としての関わりだけではなく、回復への糸口を得るために、裁判支援や自助グループといった多様な支援の窓口が必要である点である。次に、心理社会的な視点での正確なアセスメント、本人の活用できる社会資源、リソースの発見、長期的な視点を持つことが重要であるという点である。

（白井明美）

事例1　犯罪被害者支援
－殺人事件被害者遺族への刑事手続きの支援を含む長期にわたる支援－

キーワード　民間被害者支援センター｜犯罪被害相談員｜刑事裁判における被害者支援制度｜被害者参加制度｜マスコミ取材への対応｜自助グループ｜関係機関との連携｜継続した精神的ケア

ケースの概要

　A（30代女性）は、夫と2歳の息子の三人暮らしで、2か月前に夫の転勤に伴い社宅に引っ越して来たばかりの専業主婦。3週間前、帰宅途中の夫が強盗目的で後をつけてきた男ともみ合う中、刃物で刺され殺された。警察から知らせを受け、病院に駆け付けたが、その後の葬儀などをどのように行ったか憶えていない。直後からマスコミの取材攻勢に曝され、神経が昂ぶって眠りも浅く、食事も満足に摂れなくなり、家事や子育てをこなすエネルギーが湧かない状態が続いた。

　現住地には引っ越してきて間もなく、地域コミュニティとの関わりも希薄で、遠方に住む親族のサポートも得られない状況にあって、これからどのように過ごしてよいのか途方に暮れる日々が続いていた。

　そんな折、検察官から「加害者が起訴されたため、事情を伺いたいので、検察庁に来てほしい」との連絡が来たが、どのように対処したらよいのかわからない。警察から渡されていたリーフレットを見て、**民間被害者支援センター**に電話をかけてきた。センターでは、Aが引きこもりがちであること、子どもに手がかかることを知り、3日後にA宅に出向き面接を行った。

見立て

　初回面接の中では、A自身淡々とした語り口ながら、「自

民間被害者支援センター

犯罪被害者等基本法の理念に基づき、犯罪被害者がいつでもどこでも必要な支援が受けられ、その尊厳や権利が守られる社会の実現を目指して活動している民間組織で、訓練を受けた支援員が、「電話相談」や「面接相談」、裁判所・警察などへの付き添いや日常生活の手助けといった、「直接的支援」を行っている。

【支援内容】
・被害者の現状把握（精神状況、身体状況）
・精神的ケア（罪責感の緩和、心理教育、医療受診の案内）
・情報提供の重要性（公判前整理手続き、刑事裁判の流れ、損害賠償命令制度、民事裁判、無料法律相談、医療機関・カウンセリング制度）
・刑事裁判における被害者の権利の説明
・経済的支援制度についての情報提供
・被害者の抱える困難やニーズの把握
・必要な関係機関の紹介
・支援プランの提案
・家族・友人等のサポート体制の確認

分が自分ではないような気がする」、「集中力・決断力が落ち、物事の優先順位がつけられない」、「眠れない、食べられない」、「涙が突然出て止まらない」など、事件以前には経験したことがないほど精神状態が悪化していることが話された。そこで**犯罪被害相談員**は、今回のような理不尽な体験に際しては誰もが陥る当たり前の反応であることを伝え、この状態が長く続く（およそ１～３か月を目途に）ようであれば、PTSD発症の可能性も考えられるため、医療受診の必要性を示唆した。

センターでは、加害者がすでに起訴されていることから、今後予測される様々な刑事手続きにおける被害者の精神的負担の軽減を図るべく、支援計画を立て、被害者からの要請に応じ支援員が対応できるよう態勢を整えた。

> **犯罪被害相談員**
> 支援センターにおいて、研修（知識および実地訓練のロールプレイ）および現場経験を1,800時間以上積み重ねた者に、公安委員会より与えられる資格。

援助の経過

・事件後早期の支援

Aからは、①事件前には当たり前にできていた子どもの世話ができないことへの罪悪感、②一家の働き手を失ったことによる経済的不安（生活費の捻出、家賃の支払い）、③社宅を引っ越さなければならない不安などが表出されたため、現住地の行政窓口、子育て支援や公営住宅の申込優先枠等、公的サービスの情報提供を行った。また、④今後の刑事手続きへの不安が大きいことから、刑事裁判の流れ、無料法律相談の情報提供を行い、必要に応じ関係機関への付き添いができることを伝えた。また、何かわからないことや困ったことがあれば、いつでも電話で相談できることを伝え、Aの不安や混乱に対する精神的支援を続けた。

・3〜12か月後の支援

支援員は公判前整理手続きが長引いた期間中、Aと頻繁に連絡を取り、手続きで待たされていることへの苛立ちや加害者からの謝罪がないことへの怒り等の心情を十分に話してもらい、精神的ケアに努めた。

事件から約1年後、刑事裁判の日程が示された。Aは、**刑事裁判における被害者支援制度**の中、**被害者参加制度**を使いたいとの希望が出されたため、弁護士を紹介し、協力して支援を行うこととなった。支援員は法律の専門家との打ち合わせの際、専門用語の応酬で置き去りにされがちな被害者に付き添って理解しやすい言葉に言い換えて説明し、時には専門家に平易な言葉にして伝えてほしいと助言するなど、被害者の理解を補う手助けをした。

・12〜24か月後の支援

裁判員裁判が始まると、連日長時間にわたり裁判所に赴くことになる被害者の心身への負担は大きく、日ごとにストレスが高まっていく様子が見られた。Aは意見陳述を希望していたため、支援員は依頼を受けて公判当日の法廷内への付き添いを行った。

意見陳述に際し、加害者と顔を合わせたくないAのために遮蔽措置が取られ、Aは言葉に詰まりながらもやっとの思いで陳述を終えることができた。Aの達成感は大きく、「亡き夫のために、今できることを果たせた」という思いは、その後の回復にも大きな意味を持つこととなった。

また、裁判期間中**マスコミからの取材**の申し入れが多数寄せられたため、センターはAの希望に基づいた内容のコメントを作成し、裁判所内の司法記者クラブを通じ発表した。

刑事裁判における被害者支援制度
優先傍聴席の設置、公判記録の閲覧・謄写、証人尋問・意見陳述の際の遮蔽・ビデオリンク・出廷の際の付き添い、損害賠償命令制度、性犯罪被害者の個人情報の秘匿等がある。

被害者参加制度
生命、身体、自由に関する重大な犯罪の被害者等が、刑事裁判において申請が認められた場合、「被害者参加人」の立場で法廷内に在廷し、証人尋問、被告人質問、量刑に対する意見を述べることができる制度。

マスコミ取材への対応
被害者に取材の申し入れがあった際、支援センター、弁護士等が代理でコメントを出す場合がある。

事例1：犯罪被害者支援　－殺人事件被害者遺族への刑事手続きの支援を含む長期にわたる支援－

判決はAの希望する量刑ではなかったが、Aからは「裁判期間中、心身への負担は大きく、加害者から期待するような謝罪の言葉もなく正直苦しかったが、最後まで投げ出さず参加できたことは良かった」との心情が吐露された。

加害者の刑の確定後、センターで行っている同じような経験を持つ被害者遺族の自助グループへの参加希望が出され、現在は**自助グループ**の例会に参加している。また、引き続き弁護士の協力を得ながら、損害賠償の民事裁判を起こしている。

自助グループ
多くの被害者（特に遺族）から、同じ体験をした被害者と話し合いたいとの申し入れに応じ、支援センターが例会開催の案内、設営の準備、進行役を担う形で開催している。

考察

ある日突然、かけがえのない家族を犯罪によって失った犯罪被害者遺族のショックは計り知れない。自分の身に何が起きたのかわからないまま、次々に押し寄せる諸手続きをこなし、自身の状態に戸惑いながらも、次々に起きてくる経験したことのない事態への対応を求められる。周囲にある人的社会資源（親族、友人・知人、地域コミュニティ）がうまく機能すればよいが、それらが活用できなかったり、身近な人から二次被害を受けたりすることもある。支援センターの存在を知らない被害者も多く、情報からの孤立も余儀なくされる。

そんなとき、民間被害者支援センターは被害者の状況やニーズに沿った具体的な援助を提供する。センターでは、被害者の心情に寄り添いながら、適切な支援および情報提供を行う。犯罪被害者は、多くの場合刑事手続きを経験するが、センターはそれぞれの場面で検察官、弁護士と**連携**を取りながら、被害者の精神的負担の軽減に資するよう付き添い等の支援を行っていく。

支援を行うにあたって重要なことは、被害者の自主性を尊重しつつ、その自立を後押しすることにある。最終的に、被

関係機関との連携
被害者の支援は一機関だけで行えるわけではない。被害直後から長期にわたる支援の場合、折々に必要とされる関係機関が有機的な連携を行うことが重要である。

害者が事件前と同じ生活に戻ることはできないとしても、回復への一歩を踏み出す一助となるように、**継続した精神的ケア**を行う必要がある。

（楠本節子）

> **継続した精神的ケア**
> 支援センターでの精神的ケアは、直後から長期にわたって、それぞれの局面に応じ、継続して心理教育やカウンセリングを行う。

参考文献
小西 聖子（編著）（2008）『犯罪被害者のメンタルヘルス』誠信書房.
全国被害者支援ネットワーク支援活動検討委員会（編）（2011）『初級・中級テキスト』.

事例2　ドメスティックバイオレンス
― DVから保護に至るまで―

キーワード セクシャルハラスメント｜共依存｜DV防止法｜配偶者暴力相談支援センター｜アドボケイター｜長期的影響

ケースの概要

20代後半の女性Bは、幼少期から両親の激しい喧嘩を見て育った。Bは専門学校を卒業後、フリーターとなり独り暮らしを始める。そして22歳の頃、アルバイト先の飲食店に社員として配属された男性Cと付き合うようになった。Bがほかの社員に**セクシャルハラスメント**（以下「セクハラ」）を受けていたのをCが止めてくれたことがきっかけだった。Cは、Bの目の前でセクハラする社員の胸ぐらをつかみ、恫喝し、Bへ謝罪させた。Bはこのとき「自分のために何かをしてくれる人がいるとは思わなかったので、とても嬉しかった」と話す。

しかし、付き合ってしばらくすると、連絡に対するBの返信が遅かったり、Bがほかの友人と会おうとするとCは激昂するようになった。Bは、そのようなCを見て両親のことを思い出すことが多かったが、そのようなやりとりがあった後には、Cは決まって「悪かった。でもお前のことが大事だから」と言ってきた。その言葉を聞くとBは「両親と私たちは違うし、Cを苦しませてしまった自分が悪い」と感じた。

そして1年ほど交際した後、BはCと結婚する。しかし、結婚してからCの支配傾向はさらに強まった。たとえば、Bが近所に買い物に行くときはあらかじめCに許可を取り、家を出るときと帰ってきたときにはCに連絡を入れなければならなかった。レシートの提出も求められ、Cが不必要だと感じるものを買うと長々と叱責され、場合

> **セクシャルハラスメント**
> わが国では、狭義には男女雇用機会均等法で定められている職場内での性的な言動による嫌がらせを指す。ただ広義には一定の集団内において、個々の性的価値観を無視し、快不快が分かれるような性的言動を行ったり、そのような環境を作り出すことを指す。

によっては殴られることもあった。さらに、携帯電話のGPS機能でCはいつもBの所在を確認しており、報告にない移動があるとすぐに連絡が入るため、Bはほとんど自由な外出ができなくなっていった。

やがて、BはCの子どもを妊娠する。妊娠してから、Cの暴力はさらにエスカレートするようになった。理由はBのつわりが重く家事などが充分にできないこと、そして性交渉に応じられないことだった。特に性交渉を拒否するとCの暴力は凄まじく、Bのお腹を蹴ろうとすることもあり、Bはいつも身体を丸め、Cの暴力からお腹の子どもを守っていた。

そのような中で、Bは女児Dを出産する。しかしCの要求は収まることはなく、BだけではなくぐずるDにも怒鳴り散らすようになった。Bは、このままではDに悪影響が生じると考え、Cをいかに怒らせないようにするかを相談するために精神科クリニックを受診し、夫婦関係の相談ということでカウンセリングを希望した。

見立て

Bの受診は「Dへの悪影響」が主訴であり、またBが希望した相談内容は、いかにCを怒らせないように自分が振る舞うか、ということであった。B自身は自分がドメスティックバイオレンス（以下「DV」）の被害を受けているということを明確に意識しているわけではなく、場合によっては**共依存**的関係が背景にあると考えられる。

一方、現実的な側面ではCの暴力がエスカレートしていることは明確であり、母子の置かれた状況は危機的であると考えられ、行政などと連携した物理的な支援が必要であると考えられた。ただ、GPS機能を利用するなど

共依存
過剰な自己犠牲を払うことで関係を持続させ、パートナーを満足させることで、自らも間接的な満足を得る。自分の欲求充足を他者に委託するため、その対象から離れがたくなる。

Cの支配的な手法も巧妙であり、迅速かつ慎重な対応が必要であると考えられた。

援助の経過

　Bが受診した精神科クリニックのビルには、ほかのフロアに歯科や内科が入っていた。B自身も、Cには「歯医者を受診する」と言って許しを得、クリニックに受診してきていた。そこで担当した心理職は、数回のセッションが持てる可能性があると考え、「Dを守る」というBの母親としての健全な側面へアプローチし、同時にDVの心理教育を行い、最終的には行政との連携を取ることを目的とした。

　当初Bは、Cは何も悪くなく、充分に機能できていない自分が悪く、Cがいなければ自分も生きていけないと話した。心理職は、Bの心情に一定の共感を示しつつも、Bが適切に感じたように、Dの生命の危険があること、また客観的にはDVに当たり、現在の日本では**DV防止法**という法律があり、BもDも守られる必要があることを伝えた。しかしBは、涙しながらもDVではないと否定し、行政への相談を拒絶した。

　しかし、受診した数週間後のある日、ぐずるDをBがあやしていると、Cが「うるさい」と灰皿を投げつけてきた。灰皿は壁に当たったが、吸い殻や灰が泣いているDの上に降りかかり、Dの口の中に吸い殻が入ってしまった。Bは泣き叫ぶDの口から必死に吸い殻を掻き出しながら、「このままでは本当にこの子が殺されてしまう」と感じたという。そしてBは心理職に、Cから子どもを守るために自分はどうすればいいのかと相談した。そこで心理職は主治医と相談し、Bの同意のもと**配偶者暴力相**

DV防止法
正式には「配偶者からの暴力の防止及び被害者の保護等に関する法律」。2001年に施行された。配偶者暴力相談支援センターの設置やDV被害者の保護、自立支援、裁判所における保護命令手続などが定められている。

**配偶者暴力相談
支援センター**
各都道府県に設置されている、DV等に関する相談機関。業務としては、カウンセリング、自立支援に関する情報提供、一時的保護、保護命令手続に関する情報提供などが定められている。

23

談支援センターへ通告を行った。配偶者暴力相談支援センターから**アドボケイター**として職員が派遣され、即日公的なシェルターへの保護が決定した。その後Bは、Cとの離婚調停を行い、離婚成立後生活保護を受けつつ、転居し生活を立て直していった。

> **アドボケイター**
> 当事者の権利を擁護し、同行支援を行う人。具体的には、離婚調停のための裁判所とのやりとりや生活保護申請などの事務手続き、自立支援に伴う住居の手配などにおいて、当事者に同行し、支援を行う。

考察

本事例では、DVの渦中にいるクライエントをどのように保護するかまでを中心に記載した。

DV被害の渦中にいる人は、自分の権利やニーズを主張することが著しく困難になっている場合が多い。そのため心理士はクライエントの奪われた声や言葉を拾い上げ、社会へつなげる役割がある。また実際のDV事例では、心理的な援助だけではなく、生命の保護や生活レベルでの具体的な支援が必須になる。そのため関係諸機関との連携は必須であろう。

しかし、これらの緊急時の対応が一定の成果を得たとしても、DVというトラウマティックな経験は、被害者に**長期的影響**を与える。たとえば、本書で取り上げているPTSDや解離症状などを訴えるクライエントもいる。また、より具体的には異性への強い恐怖や、雑踏の中に加害者がいるのではないかというような生々しい恐怖が、長期にわたり残存することも珍しくない。これらのトラウマに対する支援も、心理職にとっては重要な仕事になると考えられる。　　　　（福榮太郎）

> **長期的影響**
> DVや児童虐待は、長期間にわたってトラウマティックな体験をする。そのため災害などの単回のPTSDと異なり、複雑性PTSDとなる場合が少なくない。特に複雑性PTSDは、重要な他者からの継続的なトラウマ体験により引き起こされるため、被害者の外界への認知、防衛機制全般に影響を与える。このため発達や人格といった人間の根幹に障害が生じることも少なくない。

参考文献
髙畠克子（編著）(2013)『DVはいま――協働による個人と環境への支援』ミネルヴァ書房．
Bancroft, L. (2002) *Why does he do that ? Inside the minds of angry and controlling men*. Berkley Books.（髙橋睦子・中島幸子・山口のり子（監訳）(2008)『DV・虐待加害者の実体を知る――あなた自身の人生を取り戻すためのガイド』明石書店）．

事例3　ネグレクト
－母親の知的障害を背景としてネグレクトが生じた事例－

キーワード 保育園｜児童家庭支援センター｜低身長・低体重｜消極的ネグレクト｜
反応性愛着障害｜トラウマティック・プレイ

ケースの概要

　Eの両親はまだ若く、Eを妊娠後に結婚した夫婦だった。二人とも高校を卒業後食品工場で働いていて知り合ったとのことで、真面目に働いており、母親はEの出産を機に退職した。だが出産後間もなく、不景気の煽りを受けて父親が減給されたことから生活が苦しくなり、母親は生まれて間もないEを家に残し、1日2～3時間のパートを始めた。

　保健所で行われた予防接種時にやや発達の遅れが確認され、寒空の下で肌着1枚という着衣であったことや、入浴の頻度が疑われたことから、地区担当の保健師が何度か家庭訪問して子育ての具体的な指導に当たった。そしてその後は**保育園**に引き継がれ、保育園にてEの発達や母子の様子を見守る体制がとられた。しかし、子どもの身体発達の伸びは緩慢で、3歳になると言葉の遅れが見られたり、衝動的にかんしゃくを起こして他児とのトラブルを生じることが多くなっていった。

　園長と担当保育士が母親に**児童家庭支援センター**の利用を勧めたところ、母親も子どもとどのように関わったらよいのか知りたいと話し、児童家庭支援センターにリファーされた。Eが母親に連れられて児童家庭支援センターに来たのは、Eが4歳のときだったが、身体が小さく、痩せていて、**低身長・低体重**が目立っていた。視線は合うものの表情は乏しかった。また母親も疲労困憊している様子だった。

保育園
2008年に告示された「保育所保育指針」（厚生労働省）によれば、子どもの発達援助を行うことと共に、保護者への保育指導を行う専門性を生かした保護者支援の遂行が明記されている。

児童家庭支援センター
1998年の児童福祉法の改正に伴い設立された機関。増加する児童虐待への対応や不登校、発達障害児へのケアなどの社会的ニーズに応えるために、専門的援助が必要な子ども家庭への支援を行い、児童相談所機能を補完する。なお東京都ではこれを子供家庭支援センターとし、児童相談の第一義的窓口としての役割が付されている。

低身長・低体重
虐待やネグレクトを受けた子どもの身体的成長が滞ることが知られている。十分な栄養や食事が与えられない場合はむろんのこと、過度なストレスや愛情飢餓が原因の場合もある。

見立て

Eの両親は婚前妊娠によって結婚しており、その意味でも**ネグレクト**や虐待のリスクが高かったことは否めない。しかも、Eが生まれて間もなく母親がパートタイムでの就労を開始せざるをえず、その間Eは父親が面倒を見ていたとのことであるが、その世話は行き届かなかったものと思われる。そして、もしもそうであれば、Eの体験としては、母親の不在は大きな不安感をもたらすものであり、見捨てられるような体験を生むものであっただろう。

児童家庭支援センターに来所した母親の表情は極めて単調で、物事の理解が難しく、親子間のやりとりもほとんどない様子であった。相談員と少し話をすると笑顔が見られ抑うつ的ではないと思われたことから、非常に混乱している状態であるか、あるいは軽度の知的障害が疑われた。いずれにせよ、母親のそうした無反応性が、Eの発達の遅れの要因となっているように思われた。特に2歳の反抗期（イヤイヤ期）の頃になると、母親が情緒的に受け止められず、Eが放っておかれる場面が多くなっていったのではと思われる。

児童家庭支援センターにて、Eをプレイルームへと促したが、部屋の中でおもちゃを探索することができず、立ち尽くしてしまっていた。このように、新奇場面で動くことができなくなってしまうことや、衝動的にかんしゃくを起こすという保育園の報告から、養育者との安定した愛着形成ができなかったことに起因する**反応性愛着障害**であると考え、児童家庭支援センターにて遊びを介しながら母子の関係調整を図ることとした。

消極的ネグレクト
本事例のネグレクトは母親が意図的に行ったものではない。西澤（1997）はネグレクトを積極的／消極的に分類しており、本事例は母親の知的な難しさによる消極的ネグレクトであると考えられる。

反応性愛着障害
米国精神医学会（APA）の精神疾患の診断基準／診断分類であるDSMが改訂され、第5版が2013年に発行された。そこで初めて反応性愛着障害の診断名が心的外傷およびストレス因関連障害群として明記された。抑制された行動様式や対人場面における情動障害、不十分な養育を経験していることなどで診断される。（→110ページも参照）

援助の経過

　初めは心理職がEの気に入りそうな玩具に誘い、Eはそれを手に取って遊んでいたが、少しずつ緊張が解けたのか、徐々に探索を始め、自由に遊ぶようになっていった。そして、次第に人形遊びの中で、自らのネグレクト体験を表現していった。母親が急にいなくなって一人家に取り残される様子も表現した。心理職は、Eのそうした**トラウマティック・プレイ**を言葉で受け止めながら見守った。そして、その様子を母親に見てもらい、心理職と話し合った。徐々に、そのときEが母親に受け止めてもらいたかった思いを、母親が受け止めていった。

　そのことは、Eにとっては自らのトラウマ体験の再現であったが、母親にとってはそうしたEの体験を知ることは初めてのことであり、Eの体験を理解することにつながったようだった。母親はEの寂しさを理解し、「Eがかわいい。もっとわかってあげたい」と語っている。

　母子の関係性が修復されてきたことを機に、母子並行面接へ移行した。母親へはこれまでの大変さをねぎらいつつ、障害の可能性についても取り上げていった。そして医療機関への受診を勧め、知的水準を査定した結果、軽度の知的障害があることがわかった。母親は多少気落ちした様子を見せたが納得したようで、障害ゆえの難しさをこれまで誰にも理解されずにきたと語り、やっとわかってもらえたと感じると涙された。その後、生活支援など可能な支援を受けられるよう手配した。

> **トラウマティック・プレイ**
> トラウマとなった体験が遊びの中に表現されること。それが解放的に行われる場合には、「緩やかな暴露法」（ギル, 2013, p.216）として治療に寄与する（ギル, 2013;西澤, 1997）。
> （→107ページも参照）

考察

　ここでは両親のネグレクトからその体験がトラウマとなり、愛着障害を呈した子どもの事例を挙げた。
　トラウマを受けた子どもの表現は、大人のPTSDの枠組み

では説明しきれないことがある。たとえば、キレやすくなる、かんしゃくを起こすなどの感情コントロールの問題が生じやすいことや、親との間で生じた被虐待体験を、分離後の養育者との間にも再現してしまうという違いが見られるという（西澤，1997）。

　子どものトラウマの難しさは、トラウマが人格の中心部に内在化されてしまっていることであると西澤（1997）は述べているが、それがまさに最早期に生じるがゆえに、健全な愛着形成を阻み、極めて深刻なダメージを人格の形成に与えることとなるのである。

　子どものトラウマの治療として、ジェームズ（James, 2003）は次のことに注意を向けるべきだとしている。それは、子どもの身体的かつ情緒的な安全を確保すること、日常的にケアを行う養育者が治療的に子育てを行えるようにすること、心理士の心的外傷や愛着障害への理解、そして信頼のできる治療的関係である。

　また、文献をレビューしトラウマへの統合的治療法を提示したギル（Gil, 2013）は、これらの基本的事柄に加えて、子どもの感情や思考が自由に表現されるよう援助することや、子どもが自らの感情や行動を制御できるように援助すること、子どものトラウマ的記憶を意識化して統合し、より適応的な処理方法を獲得していくことなどを挙げている。

　子どもは何度もトラウマティック・プレイを繰り返す。信頼できる心理士と共に再体験をしながら、子どもなりの答えを見出したり、その体験を再体験できる強さを身につけたりしていく。それは時として単調な繰り返しに陥ることもあるが、その繰り返しをトラウマの解放へと意味のあるものにしていくのは、子どもと心理職の間に育まれる信頼に基づく関係性なのであろう。

（岩藤裕美）

参考文献
西澤哲(1997)『子どものトラウマ』講談社.
ギル, E.(著)小川裕美子・湯野貴子(訳)(2013)『虐待とトラウマを受けた子どもへの援助――統合的アプローチの実際』創元社.
ジェームズ, B.(編著)三輪田明美・高畠克子・加藤節子(訳)(2003)『心的外傷を受けた子どもの治療――愛着を巡って』誠信書房.

事例4　自殺
－児童期・思春期の子どもを抱える自死遺族の母親－

キーワード 引き金｜遺族｜感情｜自殺念慮｜危機介入

ケースの概要

母親（30代）から学校関係者に、会社員の父親（40代）が急死したと連絡が入った。後日、母は死因が自死であったことを明らかにした。数日の欠席後に、長男（11歳）は何事もなかったように登校していた。しかし、数か月が経過する頃から、友達への乱暴さが目立つようになった。一方、もともとおとなしかった長女（14歳）は、教室では一切話さなくなり、遅刻が増え、ついには欠席するようになった。

母親は、夫の職場への対応や事務処理に追われ、子どもたちに父の死の事情について詳しく話せていなかった。家族全体が疲労し、怒りや悲しみをぶつけ合う毎日であった。父の死後半年の時点で、長男の小学校担任からスクールカウンセラー（以下「SC」）である臨床心理士（以下「心理士」）へ長男の状況が相談され、心理士は母親と面接を行った。

母親は、子どもたちのことが心配だが細かく構う余裕がまったくないこと、母子生活への不安、自分を置いていった夫への強い思慕と相反する怒りについて語った。また、夫は数年来のうつ病の治療中であったが、生前仕事がつらくて死にたいと何度も言っていたのに、それを自分が本気に取り上げなかったことを深く悔やんでいることが話された。何が自死の**引き金**になったのかを毎日反芻している状態であった。

引き金（トリガー）
自死への引き金は多くの場合、明確でないことが多い。そのため、遺族にとっては「死を選択した理由」を見つけることができずに、過剰な自責感に苦しむ場合もある。
（→35ページも参照）

見立て

　母親のこうした症状と、食欲不振のため十数キロ痩せてしまったこと、不眠が続いていることから、心理士は近隣の精神科クリニックを紹介した。クリニックでは、うつ傾向また死別後の悲嘆反応について指摘され、服薬治療が開始された。
　長男の行動に関しては、母親の安定が本人の落ち着きに連動することが示唆され、喪失体験後の一時的な退行によるものと考えられた。
　一方、長女の不登校傾向については、中学校SCの心理士と連携し、担任の家庭訪問が始まったが、彼女は悲しみを押し殺したような険しい表情で「どうしたらいいかわからない」と語るのみであった。

援助の経過

　母親は主治医より紹介されたクリニック内の心理士との継続的な心理療法の中で、夫の生前から夫婦関係は悪化していたこと、夫がうつ状態に追い込まれた原因を自責的に考えることが語られた。
　死別後1年を経過した頃に、周囲に同様の体験をした人がいないため、母親が孤立感を強めていることから、心理士は地元の精神保健福祉センターで行われている自死**遺族**の語り合いによる自助グループの紹介を行った。母親は、夫への複雑な**感情**を吐露する場面を得たこと、また子どもたちが元気でいてくれることが心の支えとなり、死別より2年半後には、夫の決断は究極の状況下でのやむをえないものであったこととして、一定の理解を示そうと思えるようになったと述べるに至った。服薬は終了し、心理療法を継続している。

遺族
親族を亡くした家族を指すが、友人や恋人など親しい間柄の人をも含めることが多い。性別、年齢、関係性に応じた支援が必要である。

感情
自死遺族の場合は、相反する、または矛盾する感情が多くある。故人への思慕と怒りの共存、また自責感、罪責感、感情の麻痺なども存在する。

長男の不適応行動については、小学校SCによる担任へのコンサルテーションが継続的に行われた。彼の乱暴に見える行動の背景にある寂しさや悲しみについて担任が受容的に接することから、死別1年半頃には不安が軽減し、穏やかにふるまえるようになった。長女については、保健室登校から徐々に教室への復帰を図る段階的なステップが中学校SCより提案され、教員らの協力のもとに進められた。

　クリニック内心理士の勧めにより、長男が中学入学時、長女の高校入学時の機会を待って、母親から二人の子どもたちに父親の死因やそれまでの経過について事実を話した。長女はこれまでの疑問が解消し、父が自分たちを捨てたわけではないことがわかって安心したと話した。

考察

　この事例は、働き盛りの男性がうつ病の加療中に自死し、遺された家族が危機的な状況に陥ったものである。年齢、性別、関係性が異なる家族成員には、多様な職種による環境整備が必要である。こうしたケースは、近年の学校臨床、病院臨床においては、数は少なくとも、出会う確率は一定程度あると考えてよいだろう。

　事態は突然であったが、それまでに抱えていた潜在的な問題が蓄積していることがある。この事例では、父に過労による**自殺念慮**の訴えがあったが、夫婦不和があったために事態を防ぐことができなかった。自死遺族の精神的な問題として、複雑性悲嘆（事例16）とPTSD（理論編2）を参照してほしい。この事例では、死別後半年経過した時点で家族それぞれの不適応が際立っており、特に母親にとっては子どもたちの支援者としての機能が十分果たせない状態であった。このような場合の支援のポイントとしては**危機介入**をスタートラインと

自殺念慮
「もう死んでしまいたい」と思う気持ち。「生きていたくない」という厭世観とは区別する。うつ病が背景にあることも多い。
（→71ページも参照）

危機介入
キャプラン（Caplan）の定義によれば、問題やストレス状況を適正に査定し、より適応的な状況へと方向づけするための多様な介入法。自死対応においては、故人の周囲にいる人々の心身への影響を把握し、その反応を一般化できるよう心理教育し、ハイリスク者のスクリーニングを図ることまでが含まれる。

し、母親の実質的な負担を軽減し、周囲の者が養育環境の整備に一部でも寄与することが求められる。

　本事例の場合は小学校SCがスタートラインになり、長男には担任、長女には中学校SCや養護教諭、また母にはクリニック心理士や自助グループといった個別の支え手が確保されたことがプラスに働いたと考えられる。

　悲嘆の回復のプロセスには、喪失の事実を可能な限り受容し、一方で生活を前に進めるための回復の道筋が必要とされるが、それらを意識した支援を行うためには、母親がこのプロセスを歩みつつ、家族内のキーパーソンとして機能する必要がある。長期的視点をもって、母が心的エネルギーを充填し、その上で子どもたちに愛情を備給できることが望ましい。

(白井明美)

参考文献
高橋祥友・福間詳(編)(2004)『自殺のポストベンション——遺された人々への心のケア』医学書院.
スモーリン, A., ガイナン, J.(著)高橋祥友(監修)柳沢圭子(訳)(2007)『自殺で遺された人たち《サバイバー》のサポートガイド——苦しみを分かち合う癒やしの方法』明石書店.

事例5　性犯罪被害
－強姦被害により外出や就労継続が困難になった女性－

キーワード 性犯罪｜二次被害｜トリガー｜ストレングス｜心理教育｜ワンストップ支援センター｜支援体制

ケースの概要

　20代の会社員Fは、帰宅途中、暗がりに潜んでいた男に口を塞がれ、ひとけのない駐車場に連れ込まれ無理やり性交された。思いもよらない出来事に巻き込まれた衝撃と、殺されるかもしれないという恐怖からパニック状態になったFは、声を上げるところか呼吸をするのに精一杯で、「助けて」と念じ続けた。

　加害者が立ち去り、しばらく茫然自失していたFは、一人暮らしの自宅に戻ったものの、自分でもどのように帰宅したのか覚えていない。手足には押し倒されて抵抗した際の擦り傷があったが、痛みも感じられなかった。入浴して眠れぬまま朝を迎え、いつもとおり出勤した。F自身、前夜の出来事は現実感が乏しく、また誰にも言えないと感じて相談せずにいた。

　しかし、男性社員がそばに立つと動悸が高まり、吐き気を催すようになり、仕事が手につかなくなった。被害に遭った駐車場付近を歩けず、外出もままならない。帰宅後も暗い部屋にいられず、電気をつけたまま就寝するが、眠れない日々が続き、体重も減少した。

　心配した親しい同僚の勧めで、Fは地域の犯罪被害者支援センターへの来談に至った。

見立て

　本事例は、強姦に該当する**性犯罪**であり、強い心理的衝

性犯罪
刑法や条例等で定められた性暴力や性的な違法行為。下着窃盗や盗撮のような非接触型のものと、強制わいせつや強姦（レイプ）のように身体接触によるものがある。強姦罪は、13歳未満の女子に対する姦淫（性器挿入）、もしくは13歳以上の女性に対する暴行や脅迫を伴う姦淫と定義されている（2016年7月現在）。性犯罪被害を受けても、二次被害を怖れるなどして警察への被害届が出されないケースが多く、こうした潜在化した被害を暗数という。

事例5：性犯罪被害 －強姦被害により外出や就労継続が困難になった女性－

撃と身体的苦痛、そして殺されるかもしれないという恐怖感により、トラウマになりうる体験といえる。被害の最中や直後の感覚や記憶は曖昧で、解離を起こしていたと考えられた。感情や感覚の麻痺や、身に起きたことなのに現実感がないという否認が生じており、表面的には淡々と日常生活を送っているように見える状態であった。

また、出来事を誰にも相談できずにいたことから、性被害に対する恥や自責感、**二次被害**への不安、どうしていいかわからない無力感があることが推察された。直後に緊急的な医療的ケアを受けられていないことから、妊娠や性感染症の可能性も懸念された。

Fは被害後も出勤し、仕事をこなそうと努力したものの、加害者と似た背格好の男性の姿が**トリガー**となってフラッシュバックが起きたり、被害の現場付近を通れないという回避症状によって、日常生活に支障をきたしていた。暗がりを怖れるなど、全般的な不安が高まり、不眠症状や食欲不振も続いていた。このままでは、体調不良がさらに深刻化することが予測された。

一方、Fの変調に気づき、サポートしてくれる同僚がいたこと、そして同僚の勧めによって援助を求めたFの行動力は、Fの**ストレングス**と見なせた。

援助の経過

性犯罪を受けたことを相談するのに不安やためらいを感じる人は少なくないため、まずは相談に来たことを十分にねぎらい、相談内容の守秘について説明した。Fはソファーの端に身を寄せるようにして座り、問いかけには反応するものの、テンポはゆっくりだった。

Fのペースに合わせながら被害内容や現在困っている

二次被害
犯罪被害のあと、周囲の噂や誹謗中傷、加害者の言動や専門家の不適切な対応等によって、さらに精神的に傷つけられること。特に性犯罪の場合、被害者に落ち度があるかのように非難されたり、スティグマ（ネガティブなレッテル）を付与されたりすることがある。

トリガー（引き金）
トラウマ記憶を思い出させるきっかけ。加害者に似た人物や現場、被害の状況に近い場面（人が近づく、身体に触れられる、車が近づくなど）や感覚（におい、暗がりなど）がトリガーになることが多い。
（→30ページも参照）

ストレングス
本人の強みのこと。能力やスキル、またサポートとなる資源（リソース）を有することもストレングスになる。被害により生じた症状や元来の脆弱性（ヴァルネラビリティ）を把握するだけでなく、本人の強みに注目し、その人自身の回復力（レジリエンス）を高める働きかけを行う。

心理教育
トラウマやトラウマ反応について、被害者やその身近な人々に説明し、適切な対処法を伝えること。性犯罪の場合、同意のない性的言動は性暴力であり、被害者に責任はないことを明確に説明する。そして、トラウマ反応は誰にでも生じる一般的反応だと説明することで、過度な自責感を軽減することができる。また、周囲の人々に適切な関わり方を教示することで、被害者への二次被害を防ぐことができる。
(→49ページも参照)

ワンストップ支援センター
おもに性犯罪者の被害者に対して、1か所で被害直後からの総合的な支援を行う機関。被害から72時間以内の服用であれば妊娠を防げる緊急避妊ピル（モーニングアフターピル）の処方も行う。内閣府の第2次犯罪被害者等基本計画（2011年）に基づき、同センターの開設と運営の促進が図られている。

ことを尋ねると、淡々と事件について説明し、「眠れないので睡眠薬が欲しい。仕事ができなくて困っている」と答えた。事件以前の健康状態は良好であり、生活も安定していたことから、現在の不眠症状やトラウマ症状は強姦被害を契機に生じたものであり、犯罪被害後に一般的に見られる反応であると説明した。リーフレットを示しながら**心理教育**を行うと、Fは「どれも当てはまる」と納得した表情を見せ、「私がおかしいわけではないんですね」と自分の状態に不安を感じていたことを打ち明けた。

被害から1週間が過ぎていたため、緊急避妊には間に合わないが、性器の外傷の治療と性感染症の検査のために**ワンストップ支援センター**を通して医療受診を行い、のちに被害届を出す決意をしたときのための証拠採取もしてもらった。婦人科医の丁寧な診察と説明により、Fは「体の傷は治ると言われた」と安心した表情を見せた。

精神科での薬物療法と心理教育を中心としたカウンセリングを継続するなかで、少しずつ恐怖や悲しみ、怒りの気持ちが表現されるようになり、自責感は軽減した。しかし、警察に被害届を出し、刑事裁判が始まったことで、トラウマ症状が再燃し、体調不良により半年間の休職を余儀なくされた。民間の犯罪被害者支援センターの支援員に法廷への付き添いをしてもらい、遮蔽の中で意見陳述を行うことができた。裁判への参加は、精神的にも物理的にも大きな負担であったが、有罪判決が下されたことで「一段落ついたと感じられた」と述べた。

この間、同僚のサポートを得て、職場復帰を果たしたが、継続的なケアとしてカウンセリングに通った。

考察

強姦は、心身への侵襲度が高く、被害者に強い恐怖や恥辱感

をもたらすことから、トラウマになりやすい被害である。被害の最中から、解離や麻痺の症状が起きており、その後もフラッシュバックや回避といった様々なトラウマ症状が生じている。これらの症状が被害から1か月を経過したあとも続く場合、PTSD（外傷後ストレス障害）と見なされ、トラウマに焦点化した心理療法が有効となる。

　トラウマからの回復のためには、安心・安全感を高めることが不可欠であり、支援においては被害者の不安や緊張を十分に受け止め、トラウマの心理教育を提供することで自責感を軽減させることが求められる。被害者は「逃げられなかった自分が悪い」「自分の体は汚れてしまった」などの否定的認知が強まりやすいので、恐怖により抵抗できなくなるのは当然であり、強姦は性行為ではなく暴力であることを説明する。

　妊娠の予防や性感染症の治療のためには、できるだけ早い段階での婦人科受診と服薬が必要であり、ワンストップ支援センターではこうした緊急対応がなされる。とはいえ、被害直後に求助行動がとれない被害者もおり、時間経過やニーズに合わせた支援が必要となるため、多機関が連携した**支援体制**が求められる。

　心理的支援においては、トラウマ症状や対人関係上の問題など、生活のなかで生じた様々な問題を話し合いながら、適切な対処法について検討していくことも有用である。犯罪被害により失われた時間や能力、関係性などの喪失感を扱う必要もある。被害者のストレングスに着目し、自信や自尊心を高めていくような支援が望まれる。

（野坂祐子）

支援体制
性犯罪者の支援においては、医療による診療や心理的支援のみならず、法的支援や社会福祉に関するサービスの提供など、幅広い支援が求められるため、多機関による連携やチーム支援が必要である。

参考文献
小西聖子（編著）(2008)『犯罪被害者のメンタルヘルス』誠信書房.
野坂祐子(2008)「性暴力被害の問題と支援」上里一郎（監修）丹治光浩（編）『被害者心理とその回復――心理的援助の最新技法』pp.193-217, ゆまに書房.

第1部 事例編／第2章 学校・教育

事例6　いじめ・不登校
　　　　　－保護者自身のいじめられ体験が影響した不登校対応－
事例7　非行とトラウマ
　　　　　－性被害体験から性非行・薬物乱用に至った女児への支援－
事例8　災害
　　　　　－震災によるトラウマと悲嘆を抱え、未来図を描けなくなった高校生－
事例9　大学生
　　　　　－発達障害によるいじめがトラウマとなった大学生－

● 社会の変化に伴い、子どもを取り巻く環境は大きく変化している。高度な情報化社会や少子化現象、家庭や地域の教育力の低下などが、その例として挙げられる。同時に青年期は思春期も含み、身体的にも心理的にも変化の多い時期である。エリクソン（Erikson, E.H.）は、青年期の発達課題をアイデンティティの確立とした。このアイデンティティの確立を巡って葛藤と危機に直面する。

● このように、この時期の子どもを巡る問題は自己の内外で生じるといえる。それゆえ、支援者は子どもの発達段階を踏まえ、反社会的あるいは非社会的な問題の背景にあるものを想像することが必要となる。

● その際、それらの行動を誤った行動の学習と捉え、行動を個人と環境の相互作用という視点からその行動が生じる成り立ちについて検討を行ってみる。このような視点から行動の問題という捉え直しは、背景要因を検討することを可能にする。

● 本章では、青年期の子どもが巻き込まれる様々な問題について検討を行っている。事例6では、インターネットが絡む、いじめ・不登校への対応と保護者自身のいじめ被害のトラウマが大人となっても解消されずに残遺物として現在の感情や行動に影響を及ぼすことが示唆されている。事例7では、非行という反社会的な行動問題が、心理的な傷つきから生じていることがあることを示している。自己中心的な行動や自己破壊的な行動の裏に何が潜んでいるのかを想像することや、背景要因を検討することの意味を教えてくれている。

● 事例8では、震災によるトラウマが長期的に子どもの心に影響を及ぼすことや、どのような介入を行っていくのかが記されている。長期的かつ的確な援助と子どもを取り巻く大人と協働することの大切さを学ばされる。事例9では、発達障害という特性が周囲に理解されないことからくる二次障害、そして、それを抱えた学生に大学という教育現場でできる援助は何なのか、ということを知ることができる。二次障害からの回復が決して平坦な道のりではないことが行間から垣間見られるだろう。

（松浦正一）

事例6　いじめ・不登校
－保護者自身のいじめられ体験が影響した不登校対応－

キーワード　SNS（ソーシャルネットワーキングサービス）｜出席停止｜いじめ対策支援チーム

SNS（ソーシャルネットワーキングサービス）
FacebookやLINEなどの、コミュニケーション型のインターネットサービスを指す。多くの人と接点を持つ機会が増えた一方で、これらの利用を巡ってトラブルや事件も多発している。学校関係では、誹謗中傷やデマなどからいじめ問題に発展することも多く、使用方法について教育が行われている。これらについては、大人の目にも触れにくく事態が深刻化しやすいため、保護者にもこれらについての理解を求めている。

出席停止
学校教育法には、学校が最大限の努力をもって指導を行ったにもかかわらず、「他の児童生徒に傷害、心身の苦痛又は財産上の損失を与える行為」などがあり、ほかの児童生徒の教育の妨げがあると認められる場合、市町村教育委員会が、その保護者に対して児童生徒の出席停止を命ずることができる、とある。出席停止制度は、本人の懲戒という観点からではなく、学校の秩序の維持とほかの児童生徒の義務教育を受ける権利を

ケースの概要

　中学2年生女子のGが学校へ行き渋るようになった。Gは学力に問題なく、活発で社交的ではあるが、自分勝手なところがあった。保護者によると、Gの言動などについて、部活動で同じクラスの女子Hを中心とした数名から一方的に批判されたという。Gには、そのように言われる覚えはなく困惑した。そのうち、無視されるようになってきたため、登校を渋っているという。

　担任と顧問が部活動の生徒に聞き取りを行ったところ、「Gがひどいことを言うし、いじわるもする」と言う。教師たちが聞き取りを行った後、HがGの悪口を**SNS（ソーシャルネットワーキングサービス）**で友人数名に流してしまった。

　GはSNSのことを知り、自分のことを噂されクラス中から無視されるのではないかと不安がり、ついに学校へ足を向けられなくなった。保護者は激怒して、「学校を信頼して指導を任せたのに」と学校へ苦情の連絡をしてきた。担任はHに対して再度指導を行ったが、保護者は納得せず、「やることが悪質だ」として、Hの**出席停止**を求めてきた。

　学校側では、スクールカウンセラー（以下「SC」）も同席し、**いじめ対策支援チーム**による支援会議が開かれた。部活動内のHらによる行動のほかに、Gの言動にも問題があることが話題となったが、Gの訴えに基づいて対応を行うことを基本方針とした。SCは、担任にGとその保

事例6：いじめ・不登校　－保護者自身のいじめられ体験が影響した不登校対応－

護者にSCとの面接を勧めてもらうようお願いした。

見立て

保護者は学校の対応に不満を持ちつつ、子どもの対応に困っており、SCとの面接を希望した。当日Gは来校せず、保護者だけ面接した。保護者は学校への不満や不信感を露わにし、同時にGの将来についての不安を語った。SCは保護者の不満や不安に耳を傾け、心労をねぎらいつつ保護者の心情を理解し整理をしていくことと、Gの現在の生活の様子や気持ちに焦点を当てた。心のケアと登校の意欲を持たせるためにできることを検討した。ただし、過度な登校刺激は逆効果となるため、保護者と学校の役割分担をすることを提案し、慎重な対応が必要なため、定期的な継続面接を行っていくことで了解を得た。

GがSCとの面接に来校できなかったことから、登校への抵抗が強いことと、生活は安定していて保護者もGの味方として機能していることから、しばらく不安の元となっている学校から距離を置くことがGの精神機能を安定させると考えた。同時に、保護者と学校が連携して機能することが大切であるため、役割分担をしてGに働きかけを行うことが事態の改善に役立つと見立てた。そして、面接の様子を踏まえ、次回の支援会議で再度方針を検討することにした。

援助の経過

2回目の支援会議でGとの関係を再構築することと、保護者との関係改善と役割を決め、連携してGと関わっていくこと、いじめの再発防止のための対応を早急に行うこ

保障するという観点から設けられている。

いじめ対策支援チーム
管理職・児童・生徒指導主任・当該学級担任・学年主任・養護教諭など、学校関係者によって組織される支援チームである。いじめが起こった場合に早期の適切な対応・措置を目的にチームメンバーが召集され、対応や支援について検討を行う。

とが確認された。いじめアンケートを実施するとともに、SNSの利用方法について学校全体で指導を行った。これらの対応についてGの保護者には、再発防止といじめを断固として許さないという学校の姿勢を示すために行うことを理解してもらった。

　保護者は学校側の対応を評価し、自分も動揺し興奮して出席停止を求めたが、冷静に振り返ると今後同様のことが起きないようにしてもらうことが大切で、出席停止のことは不問にすると述べた。同時に、動揺・興奮したのは、母親自身も中学生時代に同級生からいじめられた経験があり、その当時の辛い思いが思い出されたことをSCに語った。

　担任は定期的に家庭訪問を行い、Gを別室登校へ導いていった。クラスで仲良くしていた数名の生徒からの励ましもあり、別室登校からほどなく、教室への復帰を果たし、部活動にも参加するようになった。Hとは距離を置きつつも、最近では自分にも悪いところがあったと担任に話すようになった。

考察

　「いじめ」とは、児童生徒間の心理的、物理的な影響を与える行為で、これらの行為の対象となった「児童生徒が心身の苦痛を感じているもの」を指す。加えて、平成25年からは、いじめ防止対策推進法の施行に伴い、「インターネットを通じて行われるもの」も含まれるようになった（文部科学省, 2013）。この定義から考えて、Gはいじめを受けていたと考えてよい。しかし、HらもGにいじめられていたと考えることもできる。ここがいじめ問題の難しいところである。

　学校では、児童生徒間で加害・被害という見方を嫌う傾向があるが、本事例においてはGを被害者と位置づけて対応す

ることにした。これはGや保護者が危機状態にあったためであり、いじめられたという意識がGにあったからだ。このような場合には、いじめられた児童生徒の立場に立って対応していく。

　学校現場でいじめが起こると、学校は危機対応を行うことになる。まず、いじめ対策支援チームが中心となり、いじめへの対応を検討していく。いじめへの対応は、本事例の経過をみてもわかるように、子どもや保護者に直接関われる人が関わっていくことになる。そのため、連携や連絡会は定期的に行う必要がある。

　また、いじめには、被害者と加害者の両者への対応が求められる（砂川, 2008）。そして本事例のように、保護者による学校への無理な要望の背景には、保護者自身の児童青年期のトラウマが絡んでいることがある（藤森・松浦, 2014）。そのような視点ももつことが必要である。

　不登校の子どもを登校へ導く場合は、段階的な教室復帰を試みる。特にいじめによって不登校になった場合には、子ども自身に学校に安心感や安全感が生まれるまで、焦らないことが賢明である。

（松浦正一）

参考文献
砂川真澄（2008）「いじめ防止のカギはおとなの共通理解と連携」砂川真澄（編著）『いじめの連鎖を断つ──あなたもできる「いじめ防止プログラム」』pp.23-62, 富山房インターナショナル.
藤森和美・松浦正一（2014）「学校トラウマを子ども時代に体験した保護者たち──「場」の機能回復を考える」『児童心理』4（臨時増刊）, pp. 18-24.
文部科学省（2013）「いじめ防止対策推進法の公布について（通知）」文部科学省ホームページ〈http://www.mext.go.jp/a_menu/shotou/seitoshidou/1337219.htm〉.

事例7　非行とトラウマ
－性被害体験から性非行・薬物乱用に至った女児への支援－

キーワード　処遇｜児童自立支援施設｜非行行動への治療教育｜非行の背景要因

ケースの概要

　I（中学3年女子）の両親はIが小1の頃離婚し、母親は昼夜働いていたため、Iは家にいても寂しい思いをしていた。もともとIは勉強が得意ではなかったが、中学入学後は、授業を聞いていること自体が苦痛になっていった。当初バレー部に入部し、張り切って参加していたが、先輩とのもめごとから行きづらくなり、夏休みに入った頃に退部してしまった。

　夏休みの終わりに小学校時代の友達と祭りに行き、そこで友達の紹介で年上の男女と知り合い、以降一緒に遊ぶようになる。2学期になってからは、帰宅時間がどんどん遅くなり、やがて朝帰って昼間は家で寝て夕方からまた遊びに行くという生活を繰り返すようになった。学校からも再三登校の促しがあったにもかかわらず、生活リズムを取り戻せないまま中学2年生となり、その頃から数日の家出を繰り返すようになった。

　2年生の夏休みから、1か月以上も帰宅しない状態となり、やがて繁華街で警察に保護され、家庭裁判所の審判により**処遇**が決定し、「**児童自立支援施設**送致」となった。家出中は、いわゆる「援助交際」によって飲食や宿泊の費用を得て生活をしていた。

見立て

　施設入所当初Iは、「学校も家も面白くなかったので夜

処遇
触法少年（刑法で定められた犯罪に該当する行為をした14歳未満の少年）および14歳未満の虞犯少年（将来刑罰法令に触れる行為をする恐れがあると認められる行状のある少年）を発見した者は、児童相談所あるいは都道府県の福祉事務所に通告しなければならないとされており、第一義的には児童相談所が処遇（児童福祉上の措置）を決定する。一方、14歳以上の犯罪少年および虞犯少年の処遇は、基本的には家庭裁判所で判断される。

児童自立支援施設
児童福祉法44条によって、都道府県、政令指定都市に設置が義務付けられている児童福祉施設。「不良行為をなし、又はなすおそれのある児童及び家庭環境その他の環境上の理由により生活指導等を要する児童」を入所もしくは保護者の下から通所させ、その自立を支援することを目的としている。

遊びをするようになり、お金が必要だったので援助交際をしていた」と語っていた。しかし、家出中のことを詳細に尋ねると、その当時のことは頭が真っ白で思い出そうとしても思い出せない、お金を手にしていたので相当な回数の援助交際をしていたと思うが記憶がぼんやりしていて思い出せない、と言うのである。

やがて、一人の男性から薬物をもらい服用したところ、「すごくいい気分」になって、友達とカラオケをしたりしながらハイテンションで過ごせたという。しかし、朝方になり薬物の効力が切れると、途端にみじめさや恥ずかしさ、生きていることさえ辛い気持ちでいっぱいになり、押しつぶされそうになったという。おそらく、こうした援助交際に至る前にトラウマ体験があり、それへの対処として強迫的な性行動を続けていた可能性があると考えられた。

援助の経過

施設入所後は、規則正しい生活と学習、運動、作業等をこなすことで、表情も生き生きとし、1年を経過する頃には寮でリーダーシップも発揮できるようになっていた。しかし、いまだに気分の浮き沈みが激しく、ささいなことで極端に気分が落ち込んでしまう様子が観察されていたこともあり、今の自分の状態がこれまでの体験とどのようなつながりがあるのかを理解し、施設退所後の生き方を考えてみないかと提案し、認知行動療法をベースとした**治療教育**を、施設退所までの半年間に約15回実施した。

面接は、施設入所までの生活を振り返るところからスタートした。家庭で親が夜に不在となるため、不安で寂

非行行動への治療教育
非行行動の再発を防ぐことが目的となる治療教育においては、再発リスクに応じて、また非行の背景にあるニードに焦点を当てて、子どもの治療への反応性に見合った、構造化されかつ非行行動に焦点づけられることが必要であるとされている。そして、行動主義的、社会学習的、認知行動療法的治療が最も効果的であると欧米の研究では結論付けられている。

しい思いをしていたこと。中1の夏休みに出会った年上の人たちと遊ぶようになってからは楽しかったものの、そうして遊ぶうちに、たまたま出会った男性から無理やりセックスをされてしまったこと。それを誰にも言えないまま、自責感や自己嫌悪にかられながら、それを払しょくするかのように、不特定多数の男性とセックスをするようになったこと。そしてとうとう薬物と出合ったことで、家にも帰れない状態になっていたことなどをIは訥々と語った。

　薬物使用前後の極端な自己イメージの変化を明確化することで、生活の中でささいな失敗をすると周りから侮辱されていると感じ、恥ずかしく、苦しく、いたたまれない気持ちになっていることと、レイプ被害の関係について整理を促した。一方で、同じような失敗をしたときにも前向きに考えて肯定的な行動をすることで、良い結果を生むこともできているというIの変化も指摘し、これからどう生きたいかについてI自身が考えることをサポートした。

考察

　家出、浮浪、性非行、薬物乱用といった、いわゆる女子の**非行の背景**には、虐待やレイプ被害等のトラウマ体験がある場合が少なくない。本ケースについては、もともと父母の離婚、母の夜間就労というネグレクトともいえる状態に加えて、学校でも居場所を見出せないという対人関係における深刻な孤立感があったと考えられる。そして同じような寂しさを抱えた子どもたちと出会い、地域で共に過ごすうちにレイプ被害に遭遇している。しかし、その被害について誰にも相談できないまま、被害によるトラウマ反応と考えられる「自責感」や「自己嫌悪感」にさいなまれ、強迫的援助交際によってI

非行の背景要因
非行は、個人の特性と、個人を取り巻く社会的環境、家族、学校、仲間、職場、コミュニティなどの様々な要因の相互作用の結果生じるものであると考えられる。非行の背景には、慢性反復的な対人トラウマ（虐待、いじめ、性被害等）がある場合が多いという指摘もされている。

なりの対処をしていたのであろう。

　トラウマとその影響について理解を促すとともにIの強さや成長に着目することで、今後の生き方をより肯定的なものにしていくことを促すことができた。　　　　　（浅野恭子）

参考文献
藤岡淳子（編）(2007)『犯罪・非行の心理学』有斐閣.

事例8　災害
－震災によるトラウマと悲嘆を抱え、未来図を描けなくなった高校生－

キーワード　地震｜避難所生活｜悲嘆反応｜心理教育｜学校生活｜教員

ケースの概要

Jは東日本大震災で**地震**と津波による大規模な被害に遭った東北の太平洋岸の町に住んでいた。父を津波で亡くし、自宅も流出したため、仮設住宅に入るまで約5か月の**避難所生活**を経験した。現在は母と姉と三人で仮設住宅に住んでいる。

希望した高校には家庭の事情や交通の事情などがあり進学できず、不本意ながら現在の高校に入学した。1年生のときは特に休むこともなく元気な生徒と見られていたが、2年生になり休みがちになった。「がんばったが疲れてきた、楽しくない」と担任に訴えるようになった。担任が注意して見てみると、教室で落ち着きなく歩き回っていたり、無表情になって固まったようになっていたりすることもあった。

見立て

担任から相談を受けた養護教諭がJの状態を心配し、スクールカウンセラー（以下「SC」）との面談を提案し、Jも話してみたいと面接を承諾した。

SCがJに会ったところ、「学校は嫌だと毎日思っている」と話し始める。でも保健室に行くのは負けだと思って今まで行かなかった。友だちの笑い声が聞こえるとイライラしてしまう。以前よりは軽くなったが、震災後から家電製品の音やトイレを流す音なども怖い。地震があ

地震
東日本大震災では、2011年3月11日14時46分に三陸沖を震源とするマグニチュード9.0の東北地方太平洋沖地震が発生し、最大震度7を記録した。

避難所生活
東日本大震災では全国で最大2,417の避難所が開設され、45万人を超える人々（最大約47万人）が避難所生活を経験した（内閣府資料による消防庁データ）。すべての避難所が閉鎖されたのは、岩手県では2011年10月、宮城県では同年12月であった。
避難所生活ではプライバシーの確保が難しく、衛生や食事や荷物の運搬などの環境面や、運営面など様々な問題があった。

ると怖くなってしまう。まだ父が亡くなったことが信じられない。父の火葬とお葬式の後から涙が出なくなった。震災直後より、今の方が父のことを考えると苦しい、と淡々と話をする。

進路を決めなければいけない時期になり、母には看護師を勧められたが、人が死ぬのはもうたくさんと思う。これまでがんばってきたけど疲れた。何もやる気にはなれないし、将来を考えても意味がないと思う、ということが語られた。

SCは、震災後のがんばりからくる燃え尽きと、過覚醒や侵入症状、世界に対する否定的な信念などのトラウマ反応、父との死別による**悲嘆反応**を示していると見立てた。

援助の経過

2回の面接で、震災以降の体調の変化、両親との関係や、現在の生活への不満などが語られた。2回目の面接では、3月11日の前夜に父とケンカをし、11日の朝は会わずに出かけ、再会したのが安置所だったことを涙ながらに語った。父の死に対して強い自責の念を抱いていた。学校だけではなく部活も、支援してもらっているから続けなければいけないと思ってきたが、もうやめたいとのことであった。

SCは震災後の心身の変化についてトラウマと悲嘆の観点から**心理教育**を行い、同時に「〜しなければいけない」と考えると自分を追いつめてしまうから、「〜できたらいいな」というように考えてみることと、**学校生活**で辛くなったときは保健室で休んでみることを提案した。

Jの全体像を把握することと、環境調整の可能性を検討するため、Jの了承のもとJの母との面談を行った。Jは

悲嘆反応
大切な何か(人、物、場所)を失った後のこころと身体の反応。考え方、感情・気分、体調・行動、社会との関わりなど複数の側面がある。大切な何かを失った後の一般的な反応であるが、それが強いまま長く続いたり、生活や仕事、対人関係に支障が出ている場合は、複雑性悲嘆と呼ばれ、専門的ケアの対象となる。
(→88ページも参照)

心理教育
本人や家族がエンパワーメントするための手法であり、知識や情報を提供するものである。対象者自身が自らの体験を整理し、対処方法に気づき実行する動機づけを高めることが目的とされる。
(→36ページも参照)

学校生活
子どもたちは学校で相当の時間を過ごす。学校における活動は教育課程に定められた正課活動と、教育課程に定められていない部活動などの課外活動に大きく分けられる。また、在学生は、学校外においても日常的に学校生活から影響を受けることがある。

震災後かなり長い間、「幽霊が来る」、「眠れない」などと訴えていたが、母は本気にしていなかった。母親自身も夫のことには触れないようにしていたこと、眠れないことなども語られた。そこで、母親に対してもトラウマと悲嘆の心理教育を行うとともに、その労をねぎらった。SCから、進路について本人の希望を汲みながら話してみること、父のことも不自然に避けないことを提案し、家族で気晴らしの時間を持つ可能性について現実を踏まえて検討した。

　Jの面接を継続しながら**教員**とも連携し、Jへの声かけをしてもらうこととなった。担任がJと進路についての個別面談の機会を設けたことがSCに報告された。また、学年主任も意識的にJへ話しかけるようにしているとのことであった。養護教諭からは、保健室へ来室し話をすることが増えたこと、来室時の表情が明るくなってきていることが報告された。

　SCとの面接では、学校をやめようという気持ちは薄れてきたこと、とりあえず専門学校に進学しようと考えていることなどが語られた。そして「涙が出た」ことが報告され、突然涙が流れてJ自身もびっくりした、と語った。家庭での生活の変化も語られ、情緒不安定な側面は依然として見受けられるものの、表情が豊かになり笑顔を見せるようになった。その後もSCと断続的に保健室や廊下で顔を合わせて立ち話をすることはあったが、面接を希望することはなくなった。

考察

　本事例は、東日本大震災によりトラウマ体験をしたと同時に、父との死別を経験した事例であった。震災から約2年数か月が経過している時期であったが、時間経過とともにトラウマ反応は軽減している一方、悲嘆反応は強くなってきていた。家庭の

教員
スクールカウンセリングにおいては、スクールカウンセラーではなく、教員が生徒援助の主体となることが共通認識となってきている。

中で父の死が触れられない話題となっており、いまだに父の死が信じられないなど、悲嘆のプロセスが滞り、複雑化していると考えられた。そして、「未来が短縮した感覚」がありながら、現実生活では未来を考えなければいけないジレンマを抱えていることが推察された。震災からこの時点まで周囲の支援に応えようとがんばってきたが、不本意な状況が続き、燃え尽きた様子もうかがえた。被災地の復興は遅々として進まず、いつまでがんばればいいのかわからない、という閉塞感の中で、未来図を描けないと訴えた高校生の事例である。

　本事例の心理学的援助は三つの観点から行われた。一つは、震災後の心身の変化についてのトラウマと悲嘆の心理教育である。心理教育により自分自身に起こっている反応を知ることは、回復の過程を後押しするものであり、トラウマ焦点化認知行動療法（TF-CBT）においても重要な要素とされている。

　二つ目は教員との連携である。担任と養護教諭、SCがそれぞれ毎日の声かけ、学校生活での緊急避難場所、カウンセリング、と役割分担を行った。毎日顔を合わせる教員による声かけは、Jが見守られている感覚を強く感じることができたと考える。また、保健室を休息の場として活用することができるようになり、Jにもゆとりが出てきたことがうかがえた。

　三つ目は、母親への介入を通しての環境調整である。本事例では母親はJの支援者であるが、自身もJと同様に被災者である。母親をねぎらい、家族療法的な視点から介入を行った。極力母親の負担にならないような現実的な環境調整を提案することで、母親のモチベーションを高めることがポイントであった。本事例は、教員と母親、SCの連携が功を奏した事例である。SCと教員が日頃から意思疎通を図り、良好な関係性を築いておくことが望ましい。　　　　　（山田幸恵）

参考文献
藤森和美・前田正治（編著）(2011)『大災害と子どものストレス――子どものこころのケアに向けて』誠信書房．

事例9　大学生
－発達障害によるいじめがトラウマとなった大学生－

キーワード　広汎性発達障害｜学生相談室｜WAIS-Ⅲ｜二次障害｜初年次教育｜スタディ・スキルズ｜就労支援｜怒りの温度計｜リソース｜記憶の消化

ケースの概要

大学生のKは幼い頃から協調性がなく、集団で行動することが苦手で、友だちからいじめられることが多かった。小学3年のとき、担任の勧めで専門医を受診したが、「**広汎性発達障害の疑いはあるものの断定はできない**」と告げられた。両親はKの特性を理解しながらもその対応に苦慮したが、Kが中学に進んでからは、学力を伸ばすことで自信を持たせたいと塾に通わせた。

しかし理解の遅さや自己表現の拙さに対して、塾講師から言葉による暴力を受けた。また高校では、自分の考えを伝えにくかったり、運動神経が鈍かったりしたため、スポーツクラブの仲間にもからかわれ、暴力を振るわれることもあった。

大学に入学したKは翌日から欠席が続いたため、母親の勧めで**学生相談室**（以下「相談室」）を訪れ、支援が始まる。大学では、Kは直接的ないじめを受けることはなかったが、新奇の場面（プレゼンテーション、定期試験、アルバイトなど）に遭遇すると不安が生じ、イライラが高まる。そのときは、家庭でも大声を出して暴れるなど攻撃的な言動が目立った。

なお、大学入学直後にクリニックを受診。心理検査（**WAIS-Ⅲ**）の結果、能力間のばらつきが大きく、言語性IQと動作性IQに開きが生じているとのことで、「広汎性発達障害」と診断された。

広汎性発達障害
発達障害の一つであり、自閉症、アスペルガー症候群のほか、レット障害、小児期崩壊性障害、特定不能の広汎性発達障害を含む総称。この障害の特性として、社会性の障害やコミュニケーションの障害があり、興味の範囲が狭かったり、こだわりが強かったりする。

学生相談室
大学内に設置された、学生の発達やこころの問題、および学生が直面する修学や進路を含めた学生生活全般についての悩みや課題を相談する機関。スタッフとしては、心理カウンセラー、受付や予備面接を行うインテイカー、事務員で構成されている場合が多い。カウンセリングを主体とした個別面接だけでなく、自己理解や他者理解を図るグループワークなどを採り入れることもある。

WAIS-Ⅲ
ウェクスラー（Wechsler, D.）が考案した成人用の知能検査。適用年齢は16歳から89歳である。日

見立て

　大学入学当初は授業教室もわからず、相談室のカウンセラー（以下「Co」）が案内したが、何をするにも自信がなく、焦りが生じたり、パニックになったりした。Kは幼いときから発達障害の傾向があったものの、その特性に合った支援が受けられなかったため、家族や本人の努力が報われず、かえってそれがストレスとなり、失敗体験やいじめ被害が重複し、**二次障害**をきたしていた。

　母親との面接で、Kが学校でいじめを受けてきたことが語られたが、本人は多くを話さなかった。そのため、ある程度は心の整理がつき、克服できているとも推察された。しかしながら、レポート提出や定期試験など抱えきれないストレスに曝されると、中学・高校時代に友だちに囲まれ、からかわれた場面を思い出し、悔しさや怒りが込み上げてくるとのことで、Coに初めてその思いを吐露することができた。また、塾の講師から受けた暴言に対する怒りや憤りが彷彿され、塾通いを勧めた両親への憎悪も語られることになった。Kには塾やクラブをやめたいとの思いもあったが、途中で投げ出すことを嫌い、これがKの心の傷をより深いものにしてしまった。夜中に、級友にいじめられ塾講師からののしられている夢を見て、大声をあげ目を覚ますとのことで、過去のいじめ被害がケアされないまま継続したことによって、トラウマになったと考えられた。そして、悪夢はトラウマの再体験症状の一つで、本人の意思とは関係なく、強い苦痛を伴って再生されると推察された。

　このためKには、発達障害の特性と過去のトラウマ体験を考慮した支援を行うという支援方針を定めた。

本では2006年に発刊された。耳からの情報をことばによって応答する力を調べる言語性検査、目からの情報を動作によって応答する力を調べる動作性検査があり、言語性IQと動作性IQから質的な分析ができる。

二次障害
障害の特性自体による直接的な困りごとではなく、障害に対する自覚や理解が乏しかったり、適切な対応や支援を受けなかったとき、二次的に生じてしまう被害。
特性についての悩みが劣等感やストレスにつながり、いじめや不登校、対人恐怖や心身症など、心理的・身体的なダメージを与えたり、行動面で影響が生じてしまったりする。

援助の経過

援助の方向性としては、「わかりやすく具体的な生活支援とスキル支援」という発達障害特性に対する支援、および、「過去のトラウマ記憶の消化への支援」の両面とした。なおKには、相談室のフリースペースを居場所として利用させ、まずは「安心・安全感」を持たせるよう配慮した。

Kの当初の心配事は学業についてであり、特に**初年次教育**での課題であった。そのため、そこで取り扱われている**スタディ・スキルズ**を相談室内で別途に指導する教育的支援を試みた。特に、「プレゼンテーション」については、そのスキルを段階的に学習させ、発表前のシミュレーションをも実施した。これは、アルバイトや就職活動での面接練習でも同様であり、この取り組みを通してKは自信を深めていった。また、相談室主催のグループワークやハイキングなどに参加するたび、楽しさの共有が図れるようになった。

なお、2年次後半頃から就職への不安が生じるようになったので、キャリアサポート室と連携し、Kに合った職種や就活の仕方を検討した。また、外部の障害者支援センターなどを紹介し、**就労支援**を進めていった。

これらの取り組みでKの不安は軽減していったものの、新たなストレスが高じるたびに気分が不安定になり、ネガティブな感情を家族に向け、自責の念にかられる。そして、それが引き金となってつらい記憶が蘇り、翻弄されるといったパターンに陥っていた。

そこでトラウマについての心理教育を行い、ストレス対処法の一つである情動（特に怒り）への対応として、Kに応じた気分転換やリラクセーション法を探っていった。その際、**怒りの温度計**を使ったり不安の程度を数字で表

初年次教育
高等学校から大学への円滑な移行を図るため、主に大学新入生を対象に作られた総合的教育プログラム。

スタディ・スキルズ
主体的に大学での勉学を修めるために必要な学習の技能。具体的には、聴く・読む・調べる・整理する・まとめる・書く・表現する・伝える・考えるなどの力。これらはレポートや論文作成、プレゼンテーションなどに必須と考えられる。

就労支援
平成16年に施行された発達障害者支援法により、都道府県は、発達障害者の就労を支援するために必要な体制を整備するよう努めることが定められた。そして、公共職業安定所、地域障害者職業センターなどの関係機関、および民間団体との連携を確保しつつ、発達障害者の特性に応じた適切な就労の機会の確保に努めなければならないとされた。

怒りの温度計
怒りの強さを温度計の目盛のように段階的に示した図。怒りの加減を視覚化し、把握しやすいようにしている。目盛は「気にさわる」、「怒る」、「激怒する」など、その程度に合わせた言葉で表示されている。

現したりして、感情をとらえやすくするよう工夫した。
　一方、トラウマを体験することで以前とは異なる新しい自分を育むことができていることに気づくような、視点の転換を図る試みも取り入れた。

考察

　大学生のなかには、それまでの学校生活でいじめに遭遇し、その体験が心の傷となり、対人関係などに困難さを抱え、休退学を強いられる者が少なからず存在する。そこには「発達障害者」が含まれることも多く、その特性を理解した対応や支援が求められている。

　彼らは普段の生活を営む上で様々な困難をきたしやすく、そこで生じる不安や葛藤を適切に表現することも難しいため、抑うつや焦りなど様々な二次症状を引き起こすこととなる。

　今回のケースは、大学入学という新たなストレス局面を抱えることになった学生に、相談室が「安全基地」として位置づけられ、トラウマ回復の場となりえた事例である。ここでは個人への心理療法だけでなく、教育的な取り組みや集団での関わりをも大切に扱うなど多面的な支援が試みられる。そして、学内の様々な部署や学外の機関とも連携をとり、Kの持ちえる**リソース**を十分に活用、それらが有機的に結び得たことが大きな意味を持つと考えられる。

　なお、KはCoとの信頼関係が深まり安心感が増大することで、それまでのトラウマ体験を語り始め、つらい感情を吐露できるようになった。大学生となってもその記憶に苦しめられ、怒りの感情が湧き出ることになったが、それは自然なこととの認識ができ、対処の仕方を身につけることで「**記憶の消化**」が可能になった。そして、Kはトラウマからの回復を図り、社会人として巣立っていった。

（梅林厚子）

リソース
クライエントが持ちえている解決に役立つ資源。たとえば、その人の能力、強さ、可能性など、その人の持ち味やよさなどを指す。また、家族や友人、社会的資源などのサポート源も含まれる。心理療法の一つである「解決志向アプローチ」で取り入れられることが多い。

記憶の消化
トラウマを封じ込めたり、症状を強引に取り除くのではなく、トラウマ体験を人生の現実の一部として、いつでも自分の意志で思い出すこともできるし、しまっておくこともできる「自由」を獲得すること。このようになれば、つらい記憶に振り回されずに、ほかのことにも心を向けていられるようになる。

参考文献

飛鳥井望(監修)(2010)『「心の傷」のケアと治療ガイド──トラウマやPTSDで悩む人に』保健同人社.

福田真也(2007)『大学教職員のための 大学生のこころのケア・ガイドブック──精神科と学生相談からの15章』金剛出版.

事例9：大学生　－発達障害によるいじめがトラウマとなった大学生－

第Ⅰ部 事例編／第3章 救援・支援

事例10　災害救援組織における惨事案件への対応
　　－同僚の死から生じた惨事ストレスの影響を乗り越えた救援組織－
事例11　行政職員のストレス
　　　　　　　　　　　　　　　－震災後、過労によるうつ病－

●救援者や支援者が業務を通して体験するストレスとその影響は長きにわたり看過されてきた。その背景には彼らが属する職業文化内に「傷つかない」「弱音を吐かない」という考えがある上に、給与が税金から支払われているならば状況にかかわらず市民のために働くのは当然、という社会的な期待があるからではなかろうか。しかし、どれだけ屈強に見える救援者や忍耐強く志が高い行政関係者も状況によっては傷つく。そして、その傷が認知されず、適切な対処がなされなければ、地域や市民は損害を被ることを忘れてはならない。この章では、二つの事例を通して、傷を負った救援者や行政職員の回復を支援する過程が見て取れる。

●事例10では、災害救援組織が最も遭遇したくない案件である職員の殉職後、組織が主体となりこの経験を乗り越えるために、外部支援者ができることを紹介している。元来、健康な集団である彼らを今以上に傷つけることなく支援する際のポイントがまとめてある。

●事例11では大災害が地域を襲った際に、被災者でありながら支援者としての役割も担わなければならない行政職員の苦悩が描かれている。家が無事であればそのことに罪の意識を抱き、家を失えば避難所や仮設住宅から職場へ通いながら24時間支援者であることを期待される。そのような生活が続けば心身の不調を訴えても何の不思議もないが、多くを失った被災者が通う医療機関を利用することに負い目を感じ、受診が先延ばしになる。そんな彼らの複雑な気持ちを受け止めながら回復へ導くための介入をご覧いただきたい。　　　　　　　　（大澤智子）

事例10 災害救援組織における惨事案件への対応
－同僚の死から生じた惨事ストレスの影響を乗り越えた救援組織－

キーワード 殉職 ｜ 見守り ｜ 害を与えない ｜ 組織主導

ケースの概要

ある救助現場で不慮の事故が起こり、要救助者1名と救援者1名の合計2名が死亡した。**殉職**したLは現場経験が豊富で、その指導力や人柄から職種を超えた交流があった。若手を育てることにも熱心で、所属組織にとっては大きな喪失となった。残された職員の予後を心配する所属本部より支援要請の連絡が入った。

本部の総務課に属する担当者の説明によると、事故が起こり3日になるが、多くの職員は明らかに動揺しており、口数は少なく、心ここにあらずの状態が続いている。殉職者が出た隊のメンバーは特に意気消沈しており、業務を継続させてもいいのか分からず、判断に困っている。彼らが回復するためにも早い段階で専門家の介入を願いたい、ということだった。

殉職
日本の消防官、警察官、海上保安官の殉職は幸いにも多くない。消防や警察の場合、年間5～10件前後で、訓練中の不慮の事故も含まれる。海上保安官の殉職はさらに少ない。ちなみに、アメリカは日本の約10倍。

見立て

そこで、以下の質問をした：①業務への影響、②通夜や葬儀への参列、③殉職した職員家族への対応、④特に心配している職員の状態、⑤過去の殉職事案の有無。

担当者によると、職員の多くは動揺しているもののその後も業務は滞りなく行われていた。ただ、明らかに職場の雰囲気は暗い。通夜は今夜営まれる予定で、葬儀は翌日である。管理職は参列する予定となっている。Lには最近、二人目の子どもが生まれたばかりで、そのことが

同僚の悲しみを深くしている。Lと同隊だった職員Mの落ち込みが尋常ではないが、職場には出てきている。ただ、声をかけてもほとんど反応がないため周囲が心配している。幸いにもこれまで殉職は起こっておらず、だからこそ、組織としてどう対応していいのか分からず困っている。

非常に辛い出来事ではあるが、現在の状況を聞く限り、職員らは当たり前の反応を示していると見立てた。

援助の経過

その後も担当者と電話やメールを用い、後方支援を続けた。今回の殉職を受け、組織が計画している支援内容を職員に知らせ、その際に、殉職職員の家族に対してどのような対応がなされているのかも簡単でいいので加えてほしいと伝えた。同時に、各隊長には自分の部下の状態を**見守り**、普段の様子と比較して明らかに状態がおかしいと感じた場合には、所属長あるいは本部総務課の担当者に連絡をするように通達してもらった。Mについては、業務を通して回復する、という点を強調し、よほどの事情（現場に出すと自他共に危険）がない限り、今の状態を見守ってほしいと話した。

事故から1か月が経過した時点で、職員を対象にした惨事ストレスの基礎知識に関する研修と現場出動した職員、および希望者を対象とした個別面談を行った。職員の多くは、直後は不眠や食欲不振、事故に関する夢、出動を知らせる音に対して過敏に反応していたと語ったが、このひと月で確実に状態が回復してきていることがわかった。ただ、睡眠に若干の不安があった職員（Mを含む）に対しては、近隣の医療機関とその利用方法を伝えた。幹

見守り
普段の状態との落差を観察し、明らかに様子がおかしい場合にのみ、積極的な介入を行う。階級組織では、「弱い」と見なされるだけで大きな痛手となりかねないため。

部に対しては、全体の傾向と社葬や公務災害の申請がもつ意味の重要性を伝え、引き続きの見守りを依頼した。

面接に参加した職員のなかには、介入の時期が遅すぎると本部を非難する者もいたが、時間経緯を踏まえた上で回復が滞っている人を見つけることが面談の目的であることを伝え、理解を促した。

考察

災害救援組織にとって職員の殉職は大きなショックとなる。しかし、職員および組織が持つ回復する力に焦点を当て、**害を与えない**介入が肝要である。現場出動者全員を対象に面談を行うのは、「面談を受けるのは影響を受けた弱い職員だけ」というスティグマを避けるためである。

支援は担当者から最初の連絡が入った時点から開始・継続されるが、現場介入はある程度の時間が経過してから行われる。このような案件が生じた直後、職場は実際的な業務(警察対応、マスコミ対応、遺族対応等)で忙殺され、職員の支援を行うだけの余力がない。また、直後に状態が不安定であるのは当然で、回復が見られない人に対して適切な援助が提供されなければ意味がない。よって、現場介入は通常1か月ほど後に行われることが多い。介入側の日程調整という現実的な理由もある。

介入は、**組織主導**でなければならない。専門家は常に黒子であり、組織の意思を尊重しつつ、彼らが持つ回復力が前面に出るような関わりを意識する。また、面談を行うにあたり、①語られた内容は全体的な傾向として本部に説明はするが、個人が特定されるような話は伝えられないこと、②面談を受けるかどうかは強制ではなく、本人の自由意思に委ねられること、③勤務時間中に職場で行うこと、などの基本的なルール

害を与えない
消防官、警察官、海上保安官は心身共に健康な人が多い集団である。よって、援助は彼らの回復する力を引き出すことに焦点を当てる。時間的な経緯に照らし合わせ、彼らが示す影響の程度を冷静に見極める力が必須である。

組織主導
「組織が職員を守る」という態度を示すためにも、組織が主体であるという感覚を持ってもらうことが、回復の場を提供する組織側の責任感にもつながる。業務で負った傷は、業務を通して、職場で回復するしかない。

を本部と合意した上で行うことが望ましい。　　（大澤智子）

参考文献
大澤智子・加藤寛(2013)「殉職および惨事案件を経験した後の惨事ストレス対応の基本」『心的トラウマ研究（兵庫県こころのケアセンター研究紀要）』9, pp.57-65.

事例11 行政職員のストレス
－震災後、過労によるうつ病－

キーワード 住民対応｜震災復興｜ベック抑うつ質問票(BDI-Ⅱ)｜うつ病

ケースの概要

　市役所職員のN(36歳)は震災直後から不眠不休で働いていた。自宅は半壊したが、家族は避難所に避難し無事であった。日中は市役所を訪れる**住民対応**がほとんどで、食事もカップラーメン程度しかなかったが、それすら食べる時間のない状態であった。夜は書類整理などに追われ、市役所のソファーや床に段ボールを敷き、防災用毛布を重ねて横になる毎日であった。

　時折、市民から罵声を浴びせられることもあり、「同じ被災者なのに」と思うこともあったが、それも初めのうちだけであった。次第に感情が麻痺していくような感じで、怒りが湧かなくなっていった。職場には市民のために働かなくてはならないという雰囲気が満ちていて、職員のなかには自宅が全壊した者や家族や親族を亡くした者もいたが、みな**震災復興**に向けて業務に専念していた。そのため自分だけが休暇をとるという気持ちにはなれなかった。

　半年を過ぎる頃、業務は落ち着き始めたが、眠っても寝た気がせず、ちょっとした物音で目が覚めてしまう。また気分が晴れず、食が細くなってしまった。疲れやすく集中できないため、作業効率が悪く、自分でも心身の不調を感じていたが、震災による精神的なショックや避難所という生活環境の変化によるものだと思ってやり過ごしていた。

　ある日、布団から出られないほどの虚脱感に襲われ、仕

住民対応
公務員である以上、住民対応を行うのは当然の職務となる。ただ、その職責を強く持つがゆえに過重労働となりがちである。被災地行政職員は①自身が被災者であり、②被災地自治体が被災者へのサポートや復興拠点にあることから仕事量が増加し、③被災者や地域住民からのクレームが増大する、という「三重苦」のストレスに曝されていることが指摘されている(若島・野口,2013)。

震災復興
震災復興とは、震災によってダメージを負った被災地を元あったような状態に戻すことを指すのではない。被災前よりも良い状態にすることを指す。前者は復旧であり、後者を復興という。ただ、震災復興の場合、居住地や商店などの地域のコミュニティを創造する「コミュニティの復興」と、心理的な喪失感からの回復といった「心の復

事を休まざるをえなくなった。妻に付き添われながら心療内科を受診した。

見立て

Nは初診時、職場の同僚に「迷惑をかけてしまった」と苦悶の表情を浮かべ、早期の職場復帰を望んでいた。**ベック抑うつ質問票（BDI-II）**を実施したところ、21点であった。医師は**うつ病**と診断し、3か月の療養と薬物療法を勧め、Nはそれに従った。しかし、早期の職場復帰については譲らないため、臨床心理士が心理的なカウンセリングを行い、経過をみることにした。

初回の面接では、表情も暗く、ため息が多く、ほかの職員に対して「顔向けができない」と涙する場面もあった。Nは職場復帰への焦燥感の一方で強い無力感があり、自分の存在価値がなくなったように感じていた。心理士は、Nの話を傾聴しつつ、まずは療養を第一にすることや罪責感や無気力はうつ病の症状のせいでそうなっていることを話し、うつ病についての心理教育やインターネットによる情報提供を行った（アステラス製薬, 2016）。そして、決して焦らずに治療していくことで回復することを伝えた。焦燥感が強かったため、週1回のペースでカウンセリングを行った。

援助の経過

初めの1か月、Nは療養に専念することが難しかった。しかし、気力が追いつかないこともあり、次第に療養に専念するようになっていった。2か月が過ぎる頃には午前中の調子が悪いものの、午後になると少しずつ活動が

興」とがある。近年の震災の場合、コミュニティの復興が進んでも心の復興が進まないことが指摘され、心の復興をどのように促進させていくのかが課題となっている。

ベック抑うつ質問票（BDI-II）
精神科医Beck, A.T.が作成した、抑うつ症状の重症度を客観的に測定する自記式抑うつ評価尺度である。この質問票は、世界的に最も使用されている。（→89ページも参照）

うつ病
うつ病の症状には、精神症状と身体症状がある。精神症状は、気分の落ち込みや興味関心の低下、焦燥感などがあり、症状が重くなると希死念慮が生じることもある。また、身体症状としては不眠や睡眠過多、疲れやすさ、食欲不振などがあり、頭痛、腹痛などの身体の痛みとなることもある。治療においては、養生と薬物療法が基本である。
（→82ページも参照）

できるようになってきた。カウンセリングでは、一日の中でどのようなことをすると気分が変わるのかなど、一日のうちでの気分の変化とその状況に目を向けさせるようにして関わっていった。

3か月目になると「薬が効いているような気がする」と言い、日課で散歩に出かけるようになったり、半壊した自宅の整理に出かけるようにもなった。人のために役立つような支援をしたいと言うので、避難所での活動でできることを、医師などとも相談しながら取り組むことにした。初めは援助物資の仕分けをしていたが、運営活動にも少しずつ加わるようになった。

ただ、職場復帰は慎重に考えた方がよいとの医師の考えで療養休暇をもう3か月延ばすことになったが、それについても、「避難所の運営活動が今の自分にはちょうどいい」と言い、休暇延長を受け入れた。状態も良かったため、半年経ったところで職場復帰となった。職場に対しては、半月ほど様子を見ながら段階的に仕事を増やすように医師からも申し入れてもらった。上司の理解もあり、投薬を続けながら問題なく復帰できた。

考察

災害時、公務員の職業ストレスは強くなり、精神疾患に罹患する可能性が高まる。2011年9月19日付の朝日新聞朝刊にも、東日本大震災で被災した自治体においても療養休暇を取る職員が増えたとある。不眠や過労がきっかけとなり、うつ病へと進行していくことはよくあることである。うつ病になりやすい性格傾向なども絡むため、単純に投薬と養生だけで症状が良くなるとは限らない。性格傾向や生活習慣の見直しなど、生き方そのものを振り返り改善していくことが求められる。

まず、うつ病を知るために心理教育を行い、Nの職場復帰の焦りを和らげ、投薬と養生に専念させることに努めた。状態が少しずつ良くなるにつれ、軽い運動をすることを勧める。状態に合わせて散歩やジョギング、趣味や身の回りの整理など、精神的なエネルギーと気力、体力に見合った活動を進めるとよい。

　同時に、一日中気力がない状態が続くのではなく、時間帯や活動内容などによって症状が変化することを知ってもらうようにする。週間活動記録表をつけ、1週間分の記録から、活動が気分に及ぼした影響や自分のためにできる活動は何かを検討してみること（大野，2003）は、Nにとって有益であった。

　順調にうつ病から回復しても、いざ職場復帰してみるとうつ病を再発してしまうこともある。特に、職場復帰の初期は段階的に仕事に触れていくとよい。その際、産業医や保健師らと職場側が連携をしながら仕事の量、質、勤務時間（出勤時間や退社時間も考慮）の検討を行うことが望ましい。

　本稿ではうつ病を取り上げたが、このほかにも自律神経失調症や適応障害など、他の病状を示す場合もあることを付言する。
　　　　　　　　　　　　　　　　　　　　　（松浦正一）

参考文献
アステラス製薬（2016）「なるほど病気ガイド」〈https://www.astellas.com/jp/health/healthcare/depression/index.html〉.
大野裕（2003）『こころが晴れるノート――うつと不安の認知療法自習帳』創元社.
若島孔文・野口修司（2013）「地方公務員のメンタルヘルスについて――石巻市役所での心理支援を通じて」『地方公務員月報』3月，pp.2-11.

第Ⅰ部 事例編／第4章 医療

事例12　人格障害
　　　　　　　－養育環境と攻撃性の関連が疑われた症例－

事例13　統合失調症と性被害
　　　　　　　－病状による被害誘発と、被害による病状悪化－

事例14　うつ病
　　　　　　　－交通事故後にPTSDとうつ病を発症した症例－

事例15　発達障害とトラウマ
　　　　－いじめ被害により学校不適応となった自閉症スペクトラム障害を伴う高校生－

事例16　複雑性悲嘆
　　　　　　　　　　　　　　－子どもを亡くした女性－

事例17　社交不安障害
　　　　　　　－人前での震えについて恐怖を訴える男性－

事例18　被害者と裁判
　　　　　　　－被害者が裁判に挑むことの難しさとその意義－

●本章ではトラウマ体験を伴う事例のうち、医療との関わりが強いものが紹介されている。トラウマにおける代表的疾患は心的外傷後ストレス障害（Posttraumatic Stress Disorder: PTSD）であるが、PTSDにうつ病や不安障害の合併が多いことはよく知られている。また、発達過程との兼ね合いで、養育環境の問題がアタッチメントやパーソナリティ形成に影響を及ぼすことも指摘されている。発達障害の場合、注意欠如・多動性障害では不注意等により事故の加害側、被害側双方になるリスクが高くなるという知見が蓄積されつつある。

●PTSDには医療現場では診断と治療が行われるが、裁判例では鑑定書や意見書の作成が行われることもある。司法の考え方と医療の考え方は大きく異なっており、医療従事者としては、司法側にいかに自身の見立てが医療として妥当なものであるかを説明するのに腐心している。

●本章で紹介している事例は、トラウマ臨床に携わっていれば一度は似た話を聞いたことがあると思わせるものである。いずれも「診断基準に当てはめさえすれば治療（あるいは問題解決）可能」といった事例ではないことは、読者の皆様にもご理解いただけるものと思う。複雑性トラウマという言葉を持ち出すまでもなく、いずれの事例も多角的、多層的な視点をもち柔軟に対応していくことが求められている。

●本章でのトラウマは幼少期から成人期までと幅広い。ライフサイクルとトラウマという視点で事例を見ていくと、新たな視点が見出せるのではないか。

（大江美佐里）

事例12 人格障害
―養育環境と攻撃性の関連が疑われた症例―

キーワード 自殺念慮 | 攻撃性 | 問題行動 | 双極Ⅱ型障害

ケースの概要

　22歳女性O。両親は本人が小学生のときに離婚。父親に引き取られるが、暴力をふるわれることが多かった。普通科高校でいじめに遭い、中退。この頃からリストカットやアームカット（前腕、上腕を切る）を始めた。その後通信制の高校を卒業し、一人暮らしで飲食店でのアルバイトをしている。アルバイト先で男性と付き合っては別れるということを繰り返した。その際の交際パターンは以下のようなものである。

　最初の出会いですぐに「この人が私を救ってくれる」と感じ、ずっと自分と一緒にいるように求める。交際相手も最初は応じるが、そのあまりの距離のなさに苦しさを感じる。すると、Oは即座に相手の非難に転じつつも、「見捨てられたくない」といって交際相手の前でリストカットをしたり、物を投げて暴れたりし、最終的には破局する。いつも空虚感を抱いており、一度怒りだすと制御は困難である。交際相手だけではなく、職場などにおいても人間関係が長続きしない様子を認めた。20歳のときに心療内科クリニックを受診しベンゾジアゼピン系抗不安薬を処方されたところ、過量服薬をして総合病院の救急外来に搬送されることが増えた。

見立て

　クリニックからの紹介で総合病院精神科外来を受診し

た。初診時には担当医の態度を非常に気にしており、担当医がどのような人物であるかOの方からむしろ質問する様子が見られたが、担当医がOを非難しないとわかると、急にくだけた口調となり、まるで友人に話すような調子で上記の病歴を話した。**自殺念慮**について尋ねると、「いつ死んでもいいと思っている」と投げやりな様子で答えた。交際相手との対人関係パターンを見ると境界性パーソナリティ障害の診断基準を満たすと考えられたが、青年期の課題である自我同一性確立の問題とは別に診断できるかは明らかではなかった。

また、家族歴の聴取で父親に双極性障害の既往がある可能性が示唆された。父親からの暴力は頻回で、幼少期のトラウマ体験、および養育環境の不良が背景にあると推察されたが、現在の問題として情緒不安定と**攻撃性**、過量服薬等の**問題行動**があることは明らかで、早急に介入が必要と考えられた。

援助の経過

本人の同意を得て入院での治療が開始された。薬物療法としては、ベンゾジアゼピン系抗不安薬を漸減中止し、少量の抗精神病薬の治療が開始された。診断については複数の医師および臨床心理士による話し合いと再度の病歴聴取を行った結果、境界性パーソナリティ障害の診断基準には合致するものの、自我同一性確立の問題と独立して診断をつけるのはふさわしくないと判断した。その一方で、気分の高揚や注意散漫、自尊心の誇大が生じる軽躁病エピソードの時期と、空虚感、疲労感が続く抑うつエピソードの時期が交互に起きている可能性が示唆されたことで、**双極Ⅱ型障害**の可能性はより強まった。

自殺念慮
希死念慮ともいう。実際に自殺行動をとる直前である場合と、自殺行動そのものではなく、「消えてしまいたい」「生きていても仕方がない」気持ちの表現としての自殺念慮である場合とがある。この両者を明確に鑑別することは困難であるが、まずは自殺念慮の有無について躊躇せず尋ねることが求められる。(→32ページも参照)

攻撃性
他者あるいは自己を傷つけようとする傾向。脳内の辺縁系の賦活、あるいは大脳皮質による抑制制御の破綻により攻撃性が高まるとされる。

問題行動
周囲から見て問題とされるような行動。行動が本人の苦痛に対する対処行動となっていることもあるので、単純に「問題行動は悪である」と考えることは臨床的には好ましくない。行動の背景にはどのような心理があるのか検討する姿勢が重要である。

双極Ⅱ型障害
双極性障害のうち、抑うつ状態と軽躁状態の二つの時期を有する場合をいう。軽躁状態は躁状態より程度が軽く、期間も短いのが特徴である。軽躁状態は正常な場合の気分高揚との見分けが難しい場合もあるので、複数のエピソードを尋ね確認するのが望ましい。

薬物の変更で若干の気分安定が図られた入院3週間後より、『衝動のしくみ』テキスト（考察参照）を用いた心理教育を約1か月にわたって行った。これにより、Oは対人関係での行き違いや不安からイライラが出現し、その対処法として自傷を行っているという自覚が高まった。薬物の変更により過量服薬もなくなったことから、1か月半で退院し、以後は外来通院をしている。診察の中では対人関係と自傷行為の関連について話題に取り上げており、まだ時々のリストカットはあるものの、強い攻撃性はその後認めていない。

考察

　DSM-5（髙橋ほか, 2014）の境界性パーソナリティ障害の診断基準と、複数の自験例をもとにした架空症例である。本症例のように従来パーソナリティ障害と診断された患者では、双極II型障害との鑑別診断が問題となる場合が多い。児童期の被虐待体験等、長期複数回のトラウマ体験により境界性パーソナリティ障害、あるいはそれに類似した症状を示す例があることはすでに知られている。

　いずれの診断であったとしても、情緒不安定による攻撃性、自傷行為等の問題行動に対する薬物療法、精神療法が必要となる。筆者の所属グループでは、非精神病性の衝動行為に対する心理教育的アプローチとして、『衝動のしくみ』というテキストを作成しており（大江, 2012）、これを用いることで攻撃性は対処可能な事柄であるという認識を得てもらうようにしている。ベンゾジアゼピン系抗不安薬は過量服薬の原因薬物となりやすく依存性もあることから、過量服薬を認めた症例では漸減中止し、他の薬物へ切り替えることが望ましい。

　対人関係のあり方について話し合う場として、臨床心理士とのカウンセリングも当然候補となる。ただし、医師・臨床

心理士という役職ではなく、担当者との相性が課題となる場合も多い。同じ治療者でも初回で拒絶され5分で中断する事例もあれば、診療時間が長引き対処に困る事例もある、といった具合である。DSM-5の境界性パーソナリティ障害の項には「この障害をもつ人の大部分は、30代や40代になれば、対人関係も職業面の機能もずっと安定してくる」とあり、筆者にも同様の経験がある。「待てば海路の日和あり」といえよう。

(大江美佐里)

参考文献
大江美佐里(2012)「衝動性を持つ当事者を対象とした心理教育プログラム」前田正治・金吉晴(編)『PTSDの伝え方——トラウマ臨床と心理教育』pp.71-84, pp.71-84.誠信書房.
American Psychiatric Association(編) 髙橋三郎・大野裕(監訳)(2014)『DSM-5 精神疾患の診断・統計マニュアル』医学書院.

事例13 統合失調症と性被害
－病状による被害誘発と、被害による病状悪化－

キーワード 幻聴｜被害妄想｜無為自閉｜解離｜フラッシュバック

ケースの概要

　小学校時代から学業優秀な女性で、高校も進学校に進んだが、2年時に特に誘因なく不眠や疲労感、意欲低下、知覚過敏などをきたし、不登校を経て退学した。その後、ガソリンスタンドや雑貨屋でアルバイトをしながら語学専門学校に進んだが、「自分に失望して」手首を自傷し、心療内科で抗不安薬を処方されたこともあった。専門学校卒業後もアルバイトを続けたが、人間関係が負担になり職場を転々とした。

　22歳時に浪費をしたことでクレジットカードを解約した。その頃から、自分の情報が漏れている、インターネットに裏サイトがあるらしいなどと心配して、次第に注察妄想、追跡妄想、連合弛緩などを呈するようになった。

　近医精神科を受診し統合失調症と診断されたが、1か月半ほどの入院で精神病症状は消褪し、外来に通院しつつ社会生活を続けた。洋品や宝飾の販売などの接客関係の仕事を好み、容姿に恵まれていたこともあって就職は比較的容易だったが、同僚や顧客との関係がうまくいかず短期間で退職することを繰り返した。仕事を辞めると自己評価が下がり、**幻聴**や**被害妄想**、関係妄想、連合弛緩などが一時的に増悪する傾向があった。

　幸せな恋愛に憧れ、相手に強く出られると拒否できずに従ってしまうところがあり、24歳時には信頼していた知人男性にホテルに連れ込まれ、延々と拝み倒された挙句、半ば強引に性行為に応じさせられた。相手の男性は

幻聴
統合失調症の幻覚の中で最も頻度が高いものであり、他の精神疾患でも見られるが、統合失調症では複数の声による幻聴や、幻聴同士の会話（対話性の幻聴）などの病理性の高いものが見られることがある。

被害妄想
被害を受けることを主題とする妄想の総称で、精神病における最も一般的な妄想でもある。統合失調症の病初期の妄想が被害的な主題に傾き、慢性期の妄想が誇大的になりがちなことは、興味深いところである。

1回だけの関係のつもりだったようで、当然交際には発展しなかった。また25歳時には、携帯電話をなくした際に、一緒に探してくれた別の知人男性に押し倒されて強姦された。

見立て

　高校時代に前駆症状が始まり、22歳時に発症した統合失調症と診断できる事例である。統合失調症のために思考が障害されると、危険を避け難くなるし、人格水準が低下すれば、通常なら拒否できることを受け入れてしまうかもしれない。この事例では、**無為自閉**的な生活に陥るほど人格水準は低下していないが、強引な男性に流されて性被害に遭っているところに、疾患の人格への影響を読み取れよう。

　また統合失調症の病勢が増悪するとき、患者は周囲の出来事を鮮烈に体験し、視るもの聴くものが特別な意味を持っているように生き生きと感じられ、患者自身も（それが妙齢の女性ならなおさら）生き生きと魅力的になってしまうことがある。これが誘蛾灯のように下心のある異性を引きつけかねないのは、なんとも悩ましいところである。

無為自閉
統合失調症の陰性症状の一つ。病状の進行に伴い意志や欲動が病的に欠如し、感情的反応や関心が乏しくなり、外界との接触が減少して現実から遊離していくことを指す。

援助の経過

　二度目の被害の後、被害者支援センターに相談電話をかけてきたことがきっかけで、同センターでの支援の一環として精神科医である筆者がカウンセリングを行い、その縁で、統合失調症の治療も含めて外来で対応することになった。

性被害の際には、その都度不安や焦燥に苦しみ、感情がコントロールできなくなり、自分にも非があると考えて自信を失くし、人間不信に陥り仕事も続けられなくなっていた。被害者によく現れる**解離**などの症状は目立たなかったが、思考の混乱の度が強まって様々なことを関係付け、顔の表情が勝手に動いてしまうというさ・せ・ら・れ・体験も生じ、一過性に病勢が増悪していた。

抗精神病薬の投与を継続するとともに、面接ではともすれば混乱しがちな思考を整理すべく、単純明快で具体的な言葉をかけるようにし、環境を調整し、実現可能な目標を呈示して生活指導を重視した。社会的な適応が今ひとつで一度ならず性被害に遭い、そのことを受容できずにいる父母との葛藤も強かったため、家族療法にも力を割いた。

統合失調症の病状が活発なときには服薬と休養の重要性のみを強調し、安定しているときには被害体験の苦しみや将来の生活なども視野に入れた面接を行い、病状に合わせて臨機応変に対応する必要にも迫られた。精神障害者の自立支援制度の活用による医療費軽減や、障害者年金の受給などによって経済的な負担が減ったことも、就労面で要求水準を下げさせることにつながり、病状の安定に一役買った。思考の障害を抱える事例にそうした諸手続きを行わせる際は、ケースワーカーに負うところが大きかった。

病識はあったものの、抗精神病薬の副作用が出やすい体質で拒薬傾向が見られたことがあり、持効性抗精神病薬注射の導入が考慮された。しかし華奢な体格のため臀部以外に筋肉注射に適した部位がなく、かと言って臀部への注射は性被害を**フラッシュバック**させてしまい、やむをえず経口薬による治療を続けたという一幕もあった。

解離
意識が外傷的事象を切り離すことで、従来ヒステリーと呼ばれていた病態とおおむね重なるが、外傷的体験からの防衛という側面から、被害者によく見られる症状でもある。
（→105ページも参照）

フラッシュバック
トラウマとなった体験が、恐怖感や身体反応などの明瞭な感覚を伴って再体験されることで、PTSDの再体験症状の一つでもある。この用語は、麻薬や覚せい剤などによる精神病症状の再燃に対しても用いられる。

これなどは、性被害を体験した統合失調症患者を治療する際の、あまり思いつきにくい一面かもしれない。

　妻子ある男性との不倫に走ったり、素行不良な男性に惹かれたり、高給に惑わされて風俗店で働いたりといった具合で、再三ハラハラさせられたが、やがて事情を承知の上で受け入れてくれる男性が現れ、28歳時に結婚に至った。現在は新居近くの精神科に転医し、統合失調症の病状には軽い波があるものの、幸せな結婚生活を続けている。

考察

　統合失調症は内因性の精神障害であり、心因としてのトラウマティックイベントによって発症するわけではない。しかしその一方で、何らかのライフイベントが統合失調症の発症や病勢増悪の誘因になることもあるし、初交や結婚などの性的な色彩を持つ出来事が、統合失調症の病状に影響を及ぼすこともある。つまり、統合失調症の発症に際して、トラウマティックイベントが原因になることはありえないが、誘因になることは十分にありえるということになる。本事例でも、仕事の挫折や性被害が、一時的だが病状を悪化させている。

　ただ、統合失調症の病理は人間性の根底に関わるほど奥深く、トラウマティックイベントに対する反応も一筋縄にはいかない。たとえば、大地震などの自然災害の直後に、統合失調症患者は意外と影響を受けないかもしれない。彼らが病状を悪化させるのは、往々にして少し日にちが経ってからで、災害そのものよりそれに続くストレスフルな避難所生活や、ライフラインの途絶による断薬の方が問題になることが多い。統合失調症に罹患していようといまいと、被害体験に遭えば被害者の心性を呈することに変わりはない。だが統合失調症の場合、トラウマへの反応は典型的なPTSD症状とはならず、

この事例でもそうだったように、統合失調症の病状の悪化という形で現れるかもしれない。

　統合失調症でなくても、深刻なトラウマを抱えている者は、統合失調症との慎重な鑑別を要するほど多彩で重篤な精神症状を呈することがある。被害者であるのにそれと気付かれず、単なる統合失調症の患者として処遇されるとすれば、二次被害以外のなにものでもあるまい。

　それとは逆に、経験の浅い臨床家が自分のクライエントの統合失調症に気付かぬまま、延々と妄想上の被害体験を傾聴し続けてしまうこともある。適切な医療に結び付けず、やみくもに聞き出して妄想を助長させてしまうとすれば、百害あって一利なしである。

　世の中に被害者は大勢いるが、彼らの多くは自ら進んで被害者だとは口にしない。人口の約0.7％を占める統合失調症患者も、自分の病名を隠したり、自分は病気ではないと考えたりすることが少なくない。人のこころに関わる仕事をする以上、被害者についても統合失調症患者についても学んでおき、クライエントがそうだったときに見落とさぬようにせねばなるまい。　　　　　　　　　　　　　　　　　　　　（辻惠介）

事例14 うつ病
－交通事故後にPTSDとうつ病を発症した症例－

キーワード トラウマとうつ｜長期化するうつ症状｜仮面うつ病

ケースの概要

　Pは66歳男性。地方都市で自営業を営み、妻と二人暮らし。娘が二人いるが、すでに嫁いで家を離れている。趣味は釣りで、旅行仲間と年2回ほど海外に行くなど、公私ともに充実した生活を送っていた。

　ある日、Pが一人で運転し海釣りに出かけている最中、対向車線からはみ出してきた車と正面衝突をした。Pはその場面を「ありありと思い出せる、もう死ぬかと思った」と初診時に述べた。車は全損しており、すぐに救急車で搬送された。検査の結果、頭部外傷はなかったが、むち打ちとなり整形外科でのリハビリを受ける必要があると診断された。

　Pは事故直後こそ事故の規模の割に軽症であったことに安堵したが、徐々に不眠、悪夢が出現するようになった。また、事故に関してP側の前方不注意の有無が争点となったことから、保険会社に対して不信感を抱いた。もともと温厚なPが怒りを露わにすることも増えた。事故後、運転を避けるようになっただけでなく、外出そのものも必要最低限となり意欲低下が目立つようになった。この様子を見た整形外科担当医から精神科受診を勧められ、事故5週後に精神科外来を受診した。

見立て

　初診時には精神科に紹介されたことについて「自分の

気力が足りないだけ」であり、病気ではないのではという見方を示した。最初は担当医に対しておそるおそる話しているという印象だったが、徐々に熱が入り、保険会社とのやりとりについては顔を真っ赤にして「どうして自分が被害を受けた側であるのに、落ち度があるように責められなければならないのか」と困惑と怒りが混ざったような表情を浮かべた。また、最近何かとイライラして妻に強い口調になってしまうことも語られた。

　心的外傷後ストレス障害（Posttraumatic Stress Disorder: PTSD）に関連した症状としては、侵入症状としてフラッシュバック、悪夢等があり、回避症状では事故に関しての会話や事故現場、運転への回避が見られた。認知や気分の陰性変化については恐怖と怒りが認められた。趣味の友人関係から遠ざかる等活動の減退も見られた。覚醒度と反応性の著しい変化として、他者への攻撃性、集中困難、睡眠障害（入眠障害、中途覚醒）が認められた。意欲低下が続いており、2度目の診察で希死念慮について尋ねたところ、「今すぐ何かをするとまでは考えていませんが、こんなにつらいなら消えてしまいたい」と語った。自殺をしないという約束には応じた。

　PTSDのスクリーニングとして改訂出来事インパクト尺度（Impact of Event Scale-Revised）を施行したところ48点であり、カットオフポイントの25点を上回っていた。Zungうつ病自己評価尺度（SDS）は54点であり、うつ状態の存在が示唆された。担当医はPTSDとうつ病の併発と診断し、選択的セロトニン再取り込み阻害薬と睡眠導入剤の処方を開始した。事故そのものによって生じる症状だけではなく、事故後の加害者側との交渉や、運転できないことにより趣味等の楽しみを奪われたことの影響も大きいと見立てた。

援助の経過

　薬物療法により、睡眠障害およびフラッシュバックについては若干の改善が認められた。3回目の診察まではPの話を支持的に傾聴することに重点を置き、治療関係構築に努めた。4回目の診察でテキストを用いた心理教育プログラムの実施を提案し、了承を得たことから、臨床心理士が週1回、全5回にわたって心理教育を実施した。このプログラムでは怒りを中心とした感情の問題も取り上げており、怒りが高じて自分を援助する立場の人に対しても怒りを向けてしまうことがある、ということについてPは「これはまさに私のことです」と納得した様子を見せた。

　心理教育終了後は担当医による外来診察が継続された。侵入症状や覚醒度の問題は軽減しても、回避症状や意欲低下・集中力低下を中心とした抑うつ症状は事故後半年の時点でも残存していた。「以前のように物事を考えることができない」と思考抑制の訴えも認められた。近時記憶障害や記銘力障害等、認知症の症状の存在はなく、思考抑制はうつ病によるものと考えた。面接では初診当初の感情を露わにする場面は減った一方で、運転や趣味の活動、周囲との交流が失われたことへの悲哀が感じられるようになった。事故以前の充実した生活が事故によって失われたことに触れて、支持的に接していった。

　事故10か月後、高校の同窓会が開催された。Pは迷いつつ出席を決め、妻の運転で会場に向かった。同級生から明るく声をかけてもらったことを契機に、「少し心が晴れた」と話すようになった。また、妻への感謝の言葉も聞かれるようになった。事故後1年半の時点で、友人の誘いで数回釣りに出かけるようになったが、地域の集まりに出席するだけの気力は湧かないという。希死念慮の

訴えについては、「孫の顔も見たいので、そこまでは考えていないです」と話すようになっている。

考察

自験の複数例を合成した架空症例を提示した。**トラウマとうつ**との関連は大きく、本症例でもPTSDだけではなくうつ病の診断が下された。本症例のようにPTSD症状は比較的早期に改善を認めても、**長期化するうつ症状**の治療に難渋する例は多い。表面的な症状治療だけでなく、トラウマ体験が人生に及ぼした意味についても話し合う必要がある場合が少なくない。また、様々な感情が強く現れることが多く、こうした感情が持つ意味についても共に考える機会を持つことが回復の契機になることがある。自分を支えてくれている周囲の存在に気づくことが回復の手助けになることは多い。気分や思考などの精神症状だけではなく、**仮面うつ病**で認められる睡眠障害や疲労感、消化器症状等の存在の有無の確認も重要である。

（大江美佐里）

参考文献
飛鳥井望（2011）「PTSDのうつ状態」『治療』93（12）, pp. 2407-2410.
笠原嘉（2002）「薬物療法を補完する小精神療法と社会復帰療法」『精神科治療学』17（増刊号）, pp. 79-84.

トラウマとうつ
心的外傷後ストレス障害においてうつ病の併発率は高い。トラウマ体験後、PTSD症状を経過中に一度も生じずうつ病が生じてくることは稀であるとされる（飛鳥井, 2011）。

長期化するうつ症状
うつ症状が改善せず長期にわたり存在すること。笠原嘉（2002）はうつ病の治癒過程においてイライラ・不安感が最初に改善し、次に抑うつ気分や精神運動抑制、最後に喜びや生きがいが回復すると論じている。

仮面うつ病
精神症状が目立たず、身体症状が主体となって現れているうつ病。症状には、睡眠障害、疲労感等がある。薬物の副作用である場合、または器質的な疾患が存在している可能性もあることから、安易な診断は控える。
（→65ページも参照）

事例15 発達障害とトラウマ
－いじめ被害により学校不適応となった自閉症スペクトラム障害を伴う高校生－

キーワード 自閉症スペクトラム障害 ｜ いじめ ｜ EMDR

ケースの概要

　高校3年生の男子生徒である。高校入学以前に専門の医療機関において「**自閉症スペクトラム障害**（Autism Spectrum Disorder: 以下「ASD」）の診断を受けている。高校3年生の5月まで、順調に学校生活に適応しているように見えたが、ある日の部活動で、乱暴な生徒から「どけ」「じゃまだ」「消えろ」などと言われたことをきっかけに、自宅でパニックを生じるようになった。夜寝る前に腹痛を訴え、就寝した後に覚醒して泣き叫ぶなどの症状も現れた。登校をしぶるようになり、保護者と担任が心配して受診に至った。

　本人から話を聞いてみると、今回の出来事とは別に、高校1年生のときに**いじめ**を受けていたことが判明した。以下に本人の話を再現する。

　「1年生のとき、昼休みに教室にいたら、ヤンキーっぽい人がいた。その人がふざけて『ここで踊れ』と命令してきた。何人かの人がいる前で、無理やり変な踊りをさせられた。すごく嫌だったけどやっちゃった。頭がおかしくなるくらい嫌だった。今思えば、させられて恥ずかしかった。二度とこういう目に遭いたくない。逃げようとしても逃げられなかった。一緒にいた人が笑いながら『キモイ』と言ってきた。今でもずっと思い出す」、「その後も、部活で嫌なことがあった。ふざけて、股の間をいじられた」、「今も教室にいると、何かされそうな気がする。ふざけて遊んでいる人たちの声が聞こえるだけで怖

自閉症スペクトラム障害
自閉症スペクトラム障害（ASD：Autism Spectrum Disorder）とは、アメリカ精神医学会の診断マニュアルであるDSM-5において、A:社会的コミュニケーションおよび相互関係における持続的障害、B:限定された反復する様式の行動、興味、活動、の二つの症状によって定義されている。学校における不適応行動の背景に発達障害が関与していることがあり、当該生徒のASDの特徴の有無や強さにより、介入のあり方が異なる。そのため不適応が認められた生徒に対しては、ASDをはじめ発達障害の特性の有無や程度について必ず心理アセスメントを行うようにする。

いじめ
平成25年に施行された「いじめ防止対策推進法」では、いじめを「児童生徒に対して、当該児童生徒が在籍する学校（小学校、中学校、高等学校、中等教育学校及び特別支援学校）に在籍してい

る等当該児童生徒と一定の人的関係にある他の児童生徒が行う心理的又は物理的な影響を与える行為(インターネットを通じて行われるものを含む。)であって、当該行為の対象となった児童生徒が心身の苦痛を感じているもの」と定義されている。発達障害があるといじめを受けるリスクが増加することがわかっている。その一方で、発達障害があることにより、悪意のない他者の行為を「いじめ」と誤認してしまうこともあるので、いじめの訴えに対しては、本人の独特な認知のありようも含めて、いじめの発生状況や経緯などの事実関係を丁寧に確認する必要がある。

くなる」。

見立て

今回の症状発現のきっかけとなった、乱暴な生徒たちから「どけ」と暴言を吐かれるような「ささいな」出来事は、本事例の高校生活では日常的な出来事であったようだ。すでに高校1年生のときに教室内で意に反して踊らされ、部活動で股間を触られるなどのいじめ被害体験があり、トラウマとして潜在していた。このような被害体験の蓄積の上に今回の出来事も加わり、高校1年生時のトラウマ記憶が活性化され、様々な症状の発現に至ったと考えられる。

本事例のように、ASD特性を有する生徒にとっては、「乱暴なヤンキーっぽい生徒」は、存在自体が恐怖となることがある。客観的にはそれほどの脅威とは考えにくい場合でも強い恐怖の対象なのであり、彼らからからかいや暴言を受けることにより、トラウマとして大きなダメージを残すことがある

本事例では、高校1年生のときのからかいは、その後の高校生活に何の影響も及ぼしていないかのように見えていたが、トラウマが積み重なった3年生時には、とうとう高校生活への適応を脅かすほどの影響力をもつに至った。再適応のためには、トラウマを治療することが近道であると考えた。

援助の経過

トラウマ治療にあたって、はじめに保護者に見立てを伝え治療の同意を得た。パニックと登校しぶりの背景に、

事例15：発達障害とトラウマ　－いじめ被害により学校不適応となった自閉症スペクトラム障害を伴う高校生－

　高校1年生からのいじめがあり、トラウマを治療することにより問題は比較的短期間で軽減する可能性があると見立てを伝えた。保護者が家庭でできる対応方法も併せて教示すると、保護者の心理的安定も得られた。

　さらに保護者の同意を得た上で、学校の教師との連携を図った。担当の教師にも、症状の背景にあるメカニズムと治療の見通しを伝えた。加えて、再被害を予防するために、教室ならびに部活動において「必ず教師がそばにいる」、「加害者を近づけない」、「本人から訴えがあったら集団から隔離して保護する」などの対策も依頼した。担当の教師は、筆者の提案した治療方針を理解し協力を快諾してくれた。保護者と学校の担当教師の理解が得られたことによって、家でも学校でも安定して過ごすことが可能になった。

　心理的安定が得られたことを確認した上でトラウマ治療を開始した。筆者はASDに伴うトラウマ治療においては、**EMDR**（眼球運動による脱感作と再処理法）を選択することが多い。本事例に対しても迷わずEMDRを選択した。理由はASDに適した方法にアレンジすれば使い勝手がよく、治療効果が高いからである。ただし、治療的に切れ味のよいEMDRは失敗すると悪影響も大きい。安全性の点では十分な配慮が必要である。また、ASDを対象にEMDRを行う場合には、特性に応じた工夫が必要になるが、本稿ではその部分の説明は省略する。

　高校1年生のときのトラウマのエピソードと、今回の主訴の原因となった部活動における暴言をターゲットにEMDRを行った。その結果2回のセッションでトラウマの処理が可能であった。その後、本来の元気と笑顔を取り戻して登校することが可能になり、無事に高等学校を卒業することができた。

EMDR
Eye Movement Desensitization and Reprocessing（眼球運動による脱感作と再処理法）。PTSD治療において、認知行動療法の長期暴露療法とともに、エビデンスのある心理療法である。近年、ASDに対する治療効果の報告もされるようになってきている。

考察

　ASD特性の影響を受けて「ささいな」出来事がトラウマとなり、不適応を生じる者は少なくない。その要因としては、ASDのトラウマへの脆弱性があげられる。加えて、実際に多くの事例に認められることは、「ささいな」出来事以前にもトラウマ体験の蓄積があり、その蓄積された記憶が直近のトリガーによって活性化されてしまうという現象である。

　本事例では、高校入学以前の大きなトラウマエピソードは認められなかったものの、ASDのなかには青年・成人期に至るまでの生育過程において、たくさんのトラウマを蓄積してくる者がいる。仮に症状の引き金が「ささいな」出来事であったとしても、生育歴上のトラウマ記憶の蓄積状態によっては大きなダメージとなることがある。したがって、アセスメントにおいては、直近の出来事のみに注目するのではなく、クライエントの生育歴を丁寧に聴取しておく必要がある。生育歴上の経験を見逃してしまうと、直近の出来事の影響を過少評価してしまうことになりやすい。

　アセスメントの際に注意しなければならないもう一つの点は、来談時点での適応状態である。生活場面へのある程度の適応と心理的安定が得られなければ、トラウマ処理をターゲットとした治療に進むことはできない。本事例の場合も同様であった。そこで本人の治療に先立ち、家族と教師に対して心理教育的な情報提供を積極的に行うことにより、本人を支える側の心理的安定を得るように心がけた。幸い家族と教師の双方から肯定的な理解を得ることができ、また治療的に有益な協力を得ることもできた。その結果、本事例は家でも学校でも安定して過ごすことが可能となり、トラウマに焦点を当てた治療に入ることが可能となった。

　周囲の理解と協力が得られるだけでも、クライエントの心理的な安定を得ることは可能であり、この対応だけでも問題が解決したかのような印象を与えるほど、落ち着いてしまうこともある。しかし、一時的な安定をもって問題が解決した

と判断してはならない。トラウマを抱えた状態での安定には限界があり、その状態に負荷が加わると、トラウマ記憶が再燃して症状をぶり返し、あっという間に元に戻ってしまうことがあるからである。

　本事例では、学校生活における過去のいじめ被害体験のトラウマが明らかに適応を阻害しており、最終的にはトラウマ治療が学校生活への適応には必要であった。不適応の要因にASDとトラウマが関与している場合には、環境調整に加えて積極的にトラウマ治療に取り組むべきであろう。（糸井岳史）

参考文献
清水光恵（2014）「トラウマから見た大人の発達障害」『精神科治療学』29（5）．
杉山登志郎（2010）「タイムスリップ現象再考」『精神科治療学』25（12）．

事例16 複雑性悲嘆
―子どもを亡くした女性―

キーワード 複雑性悲嘆｜複雑性悲嘆質問票｜ベック抑うつ質問票-Ⅱ｜悲嘆｜二重過程モデル

ケースの概要

複雑性悲嘆
（Complicated Grief）
悲嘆反応が、その人が置かれる文化圏で通常期待されるよりも長く強く続いている状態。DSM-5では「持続性の複雑な死別障害」として今後の研究対象とされている。長年、臨床的関与の対象になりやすい状態像として研究されてきた。
（→49ページも参照）

　Qは49歳の女性であり、夫（52歳）と暮らしている。当時17歳の長男Rを自動車事故で亡くしたのは3年前の秋であった。以来、涙もろさや意欲低下から、それまで熱心に取り組んでいた教会のボランティアに参加しなくなった。家で横になり、Rのことを思い出しては涙を流し、疲れ果ててまた眠りにつくという生活の繰り返しであった。Rの部屋は亡くなった当時のまま、整理できずにいる。家族や友人たちはQを気遣い、外に連れ出そうとしたものの、QはRへの申し訳なさから、頑なに断るばかりだった。時々は外出できても、Rと同年代の青年を見ては、Rの不在を突きつけられるようで、強い悲しみが込み上げてくるばかりだった。
　事故以来、Qは体の痛みや不眠を感じていたが、放置していた。2年後にようやく内科にかかったものの、身体的な所見は認められず、精神科クリニックへの受診を勧められた。Qは抵抗があったものの、その後1年を経ても調子が回復しないために、精神科受診に至った。

見立て

　Qは初診においてRの喪失については語らず、意欲低下や不眠のみを訴えた。精神科医は薬物療法を提案したものの、Qは服薬を拒否した。通院3回目に、QはRのことを毎日思い出して苦しくなると涙ながらに訴えた。**複**

雑性悲嘆質問票で53点、**ベック抑うつ質問票-II**では28点を示していた。心理的なカウンセリングが助けになると判断し、医師はクリニックの臨床心理士との面接を提案した。

初回面接において、臨床心理士はQの主訴（抑うつ感や不眠、体の痛み）を一通り聞いたあとに、亡くなったRについて尋ねた。Qは涙で言葉を詰まらせながらも、Rがいかに素晴らしい子で、思いやりのある優しい子であったかを話した。そんな子がどうしてあのように死ななければならなかったのか、自分がもっと気をつけていればよかった、車を運転させなければよかったと、怒りと罪悪感を語った。Rは生まれつき体が弱く、Qが心を込めて世話をしてきたことも語られた。臨床心理士が穏やかに、しっかりと話を聞いていると感じ、Qは、自分自身というよりも、亡くなったRの存在を認めてもらえたように感じた。この心理士とならば継続して話してもいい、Qはそう感じた。

援助の経過

臨床心理士との面接が始まった。毎週の面接が2か月、隔週の面接が半年、さらに半年、毎月の面接が続いた（計20回）。面接初期、臨床心理士は数回のセッションを使って、Qの人生や亡くなったRのことを話してほしいと提案した。Qは同意し、自身の生い立ち、両親との関係、人生で取り組んできたこと、事故が起こる前に抱いていた人生設計を語った。仕事に忙殺されていたQに、Rの誕生がいかに人生を変え、喜びやかけがえのない時間を与えてくれたかが話された。臨床心理士は一つひとつを大事に聴くとともに、**悲嘆**についての心理教育を提供し

複雑性悲嘆質問票
プリガーソン（Prigerson）らが開発した複雑性悲嘆を測定する尺度であり、19項目からなり、5件法である。その後、様々な改訂版が示されているが、いまだに原版の尺度が使用されることが多い。複雑性悲嘆と見なすカットオフ値は26点以上もしくは30点以上とする研究が多い。

ベック抑うつ質問票－II
ベックらが開発した抑うつ症状を測定する自己記入式尺度であり、21項目5件法からなる。米国精神医学会による精神疾患の診断と統計マニュアル第4版における大うつ病性障害の基準に合わせて、測定項目が構成されている。
（→65ページも参照）

悲嘆（Grief）
大切な人との死別（Bereavement）直後の心理的（痛々しいほどの悲しみ、信じられなさ、焦がれるような思慕）、社会的（引きこもり等）、身体的（不眠、痛み等）な反応。悲嘆は一時点の横断的症状というよりは、死別後の反応の縦断的経過、すなわち悲哀の過程（Mourning）として捉えられる。

た。

　すなわち、愛着対象の喪失が心理・社会・身体的に大きな影響を与えることや、悲しみや喪失そのものを整理することと、Rのいない生活をどう生きるかに取り組んでいくことの両方が大事であることが伝えられた。Qは自分の心身の反応が理解可能なものであること、愛着という非常に重要な対象を失ったからこその反応であることを知り、安心感を得ることができた。

　面接初期は、これまでの過去をふり返り、喪失に焦点を当てる話が多かった。面接開始から2か月を経て、Qは自分が楽しみや喜び、充実感を得られること（ボランティア、家族や友人との時間）を増やしていくことに同意した。同時に、QはRへの思いをより大切にしたいと話した。その一環として、Rの部屋や遺品を少しずつ整理し始めた。Rが亡くなった紅葉の時期はQにとって困難な時期であったが、どのように過ごしたらいいか事前に話し合っておくことで、家族や友人の助けを得ながら、過ごすことができた。

二重過程モデル
シュトレーベが提唱した、死別後の心理社会的な回復プロセスを理解するためのモデル。このモデルによれば、死別後には喪失やそれに伴う感情的苦痛に対する対処（Loss-oriented coping）と、死別後に二次的に生じる生活上の実務・実際的側面での立て直し（Restoration-oriented coping）の両方を行き来しながら、徐々に悲哀のプロセスが進行すると捉える。

考察

　援助の経過において、臨床心理士は喪失や悲しみに向き合うことを支えるとともに、亡くなった人がいない生活をどう送っていくかについての現実的な問題への対処についても援助している。これは、シュトレーベ（Strobe）らによる二重過程モデル（Dual-Process Model）を踏まえた対応となっている。

　喪失そのものへの対処としては、Rのことや、それを失ったことのQにとっての意味をふり返るような働きかけを丁寧にしている。ずっと避けていた部屋や遺品の整理を支えることで、死別という事実をQが受け止めていくことも支えている。生活を立て直す対処の援助としては、さしあたりの主訴

や生活上での具体的な困りごとなどについて実質的な改善が図られるような問題解決に取り組むとともに、Qが人とのつながりや、喜びを感じる活動に少しずつ取り組む援助をしている。

　遺族にとっては、故人の命日や誕生日、年末年始などの特別な時期は、悲しみが強まる困難な時期であることもある。そうした時期の過ごし方をあらかじめ話し合うことで、Qは無事に困難な時期を過ごすことができた。　　　　（伊藤正哉）

参考文献
坂口幸弘（2010）『悲嘆学入門――死別の悲しみを学ぶ』昭和堂.
ウォーデン, J. W.（著）山本力（監訳）上地雄一郎ほか（訳）（2011）『悲嘆カウンセリング――臨床実践ハンドブック』誠信書房.
Prigerson, H. G., E. Frank, S. V. Kasl, et al. (1995) Complicated grief and bereavement-related depression as distinct disorders: preliminary empirical validation in elderly bereaved spouses. *The American Journal of Psychiatry*. 152(1): pp.22-30.
Stroebe, M. and H. Schut (1999) The dual process model of coping with bereavement: rationale and description. *Death Stud*. 23(3): pp.197-224.

事例17 社交不安障害
－人前での震えについて恐怖を訴える男性－

キーワード 不安階層表｜エクスポージャー｜ビデオフィードバック

ケースの概要

　S（45歳：男性）は、人に見られる場面での震え・緊張により、中学生の頃から人前を避け続けていた。中学校のとき、授業で教科書を読むことになり、それまでは不安を感じたことはなかったが、初めて本を持つ手や読み上げる声に震えを感じた。そのときは周囲から特に震えについて指摘されることはなかったものの、以来、学校や生活の中で不安場面を避けるようになった。もともと快活な性格であったのが、少しずつ引っ込み思案になっていった。

　高校卒業後は、社員数百名前後の職場に就職したが、数年後に社長の方針で、一人ずつ社員全員の前で年に1回話をすることになった。その結果、震えが知られるかもしれないことを恐れ、数名程度の小さな会社へ転職をした。Sは一人暮らしであったが、就労自体は転職前後ともに欠勤や遅刻などはなく、勤務状況は良好で、業務も与えられたものは適切にこなすことができていた。

　心療内科に通院を始めたのは、カウンセリング実施の3年前で、40歳代になってからであった。それまで治療や相談は実施しておらず、両親にも伝えず、自分一人で何とか対応をしていた。通院後、医師からは社交不安障害の診断を受けた。

　カウンセリングの開始当時、手元の震えの不安をはじめ、見られながら作業をすることや日常生活で体の震え（特に首と手）、そして震えに気づかれることに過度な恐れ

があった。そのため、Sはこれらの場面を意図的に回避しており、生活全般で支障を感じていた。

見立て

3年間、医師の診察と薬物療法を継続していたが、日常生活の回避が強く、カウンセリングの実施により生活面での変容を進めていこうということになった。社交不安障害の症状は、回避の傾向が強く生活に支障が出ていたが、抑うつ症状は認められなかった。さらに、実際の震えは中学校の体験以降生じておらず、偶発的に生じた震えや恐怖の影響を維持していると考えられた。そのため、日常で回避している状況を、段階的かつ安全に体験していくことが重要であるという方針を立てた。これを踏まえ、認知行動療法的なアプローチのもと、恐怖場面での不安の低減や自由に行動できる場面を拡充するという目標が、Sとカウンセラーで共有された。

援助の経過

まず不安場面の構造化を進めるために、1～2回目のセッションでは、人前での不安について心理教育を行ったうえで**不安階層表**を作成した。具体的には、歯科検診（90点）、メガネの購入（80点）、受付で氏名を書く（70点）などの不安場面と点数が挙げられていた。

さらに、現実場面とカウンセリング場面での双方において、**エクスポージャー**が導入された。現実場面でのエクスポージャーに関しては、3回目のセッション時に、S本人からメガネの度数が長い間合っていない状態であるため、この機会にメガネを新調したいとの申し出があり、

不安階層表
不安やストレスを抱える場面を整理して、点数化して段階的に状況理解を進める表のこと。この表をもとに、治療において焦点を当てて取り組む状況の選択を行う。治療後には、点数の変化を査定する。

エクスポージャー
実際の不安場面やイメージを用いて、不安が自然に下がることや安全であることを体験する技法である。これまで用いてきた回避方略を取らずに不安場面に慣れていくことで、心身に起こる症状の改善を進めていく。

この場面を用いることとした。

　まずメガネ店を外側から観察し、自分にとって入りやすいところ、入店した場合にどんな応対があるかについて理解をしてから、店員とやりとりを進めていくことが話し合われた。セッション内でのエクスポージャーは個人面接場面であったが、ビデオカメラを用いてスピーチ状況を設定し、自由に話をしてもらうこととした。

　5回目のセッションの際には、Sは「うまくいきそうな気がして、作ってきてしまいました」と、新しいメガネをかけてカウンセリングにやってきた。はじめは観察していて、不安なイメージも思い浮かべていたが、それほど緊張感がなかったのでひとまず入店してみたとのことであった。

　実際に店員と話をしていると、口を動かしていることで意識が震えよりも会話の内容に向き、次第に不安感そのものを感じなくなっていった。そのこともあり、視力の検査やメガネの選択まで自然にできていた。セッションにおけるスピーチの取り組みについては、話すことにそれなりの不安があるが、震えることの方が心配であるという話をしていた。実際の取り組みを見ていると、客観的に震えが確認されることはなかった。

　7回目のセッション時に、苦手だと訴えていた朗読に取り組んでみることとなった。本人は不安感が強かったが、実際に震えが起きることはなかった。読む前には、予期不安が強かった。家庭での練習の様子の報告から、問題なく読めることも確認できており、そのことを思い浮かべながら読み上げることで、なんとかやれる見通しを持てていた。また、自分の様子を客観的に確認するために、その様子を録画して**ビデオフィードバック**を行った。震えが起きている悪いイメージを持っていたが、実際は思

ビデオフィードバック
ビデオ録画された自己の映像を見ることによって、ネガティブな自己イメージ・自己評価を改善する方法。ビデオを見ることに対しては抵抗感や負担感があるため、事前にイメージについて話し合うことや、見る際に他者視点を用いることなどを理解する必要がある。

っていた様子とだいぶ違う印象に感じていた。もっと固くぎこちないイメージを抱いていたが、見た感じ違和感はないという風に変わったとのことだった。

　その後、1か月あとにフォローアップセッションとして面接を行った。特に困ることもなく、以前よりも不安や回避が低減している様子であった。しかし、気を遣うことがなくなったわけではなく、「これから少しずつ取り組んでみますね」というふうに、前向きに考えられるようになっていた。

考察

　本事例では、約30年、社交状況での回避や不安が続くことが主訴として認められていた。医学的なケアにおいては、不安症状の一定の改善が認められていたものの、Sにとっては過去の震えの体験がトラウマ的な出来事となっており、日常生活での回避が強く、支障となっていた。

　社交不安障害の認知行動療法的アプローチにおいては、心理教育、エクスポージャー、否定的な考え方を改善していく認知的再体制化といった方略を用いることが多い。Sは、不安場面についてよく自己分析をしていたが、心理教育によって自己の思考や行動的特徴を明確化し、不安階層表を作成することで、より客観視ができるようになった。また、エクスポージャーについては、回避の強い状況を体験することを進めたが、抵抗感があったものの、カウンセリングを受けていることを通じて協働的に取り組むことができ、日常生活で実践することができた。

　一般に、エクスポージャーは効果があるものの負担感も強く、動機の高いことやスムーズな導入とフォローが重要となる。本事例においては、本人の困り感が生活上で大きくなっていたことに加え、段階的な導入を行ったことが功を奏した

と考えられる。 　　　　　　　　　　　　　　　　　（城月健太郎）

参考文献

城月健太郎(2012)『社交不安障害における個人認知行動療法プログラム』風間書房.

Hofmann, S. G. & Otto, M. W. (2008) *Cognitive Behavior Therapy for Social Anxiety Disorder: Evidence-Based and Disorder-Specific Treatment Techniques* (*Practical Clinical Guidebooks*). London: Routledge.

事例18 被害者と裁判
　　－被害者が裁判に挑むことの難しさとその意義－

キーワード 意見書｜フラッシュバック｜証言｜刑事事件｜民事事件

ケースの概要

　Tは生来明るく真面目な性格の女性で、有名大学の教育学部を経て、同大学大学院修士課程に進んだ。在学中に大学の附置センターの准教授と知り合い、修士課程修了後、母校の教員と卒業生の関係でときおり顔を合わせるうちに交際が始まり、同棲を経て入籍した。

　初めは蜜月状態だったが、次第に、日常のささいな出来事や、姑の過干渉、家計費には吝嗇だが自分のことには金をかける夫の金銭感覚などがきっかけで、たびたび喧嘩をするようになり、警察の介入を招くほどの暴力を夫がふるったこともあった。激しくぶつかり合った後の夫は、一転して愛情深くなるため、Tはその落差に戸惑い、自分から状況を変えようと動くことはなかった。

　しかし、夫との葛藤に苦しむうちに占いに傾倒し、自分名義で父母が預金してくれていた1千数百万円を解約し、占いを信じて、「社会に還元するために」神社の賽銭箱や街頭募金などに入れて回った。結婚1年半後には、姑に言われるままに夫が家を出て別居状態になり、その半年後に始まった家事調停も不調に終わり、夫からの訴えで離婚訴訟が始まった。

　修士課程修了後、Tは心理職として心療内科クリニックに勤め、一連の事態の間も就労を続けていた。Tの父母は、当初、夫婦関係の破綻の原因をわが子の至らなさにあると見ていたが、次第に事情を理解するようになった。ただ、Tの精神状態が不安定であると夫が吹聴した

こともあって、大学・大学院時代の友人たちとは疎遠になった。

見立て

成育歴、職業的適応、親子関係のいずれにも病理性は窺えず、夫との関係は典型的なドメスティックバイオレンス（DV）のそれである。こうした場合、まともな親ほど、わが子が至らなかったのだろうと考えるきらいがあるし、友人関係が疎遠になるのもよくあることである。

一方、夫は、知り合ったときにすでに准教授だったようにTより年上で、姑も相応に高齢である。しかしながら、社会的な立場もあり自立しているはずの息子が、密接な母子関係を引きずっているのも、ままあることである。

援助の経過

離婚を望む点で双方の意向は一致しており、裁判の争点は夫が財産分与を求めている点にあった。夫は、Tが解約した預金は結婚後に夫婦で稼いだ金で、賽銭や募金に費やした事実はなく、半分は自分のものだと主張した。そして、妻は境界性人格障害であり、もともと精神的に不安定で、大学での夫の名誉を傷つけ、結婚生活が破綻した原因も妻の病気や性格にあると訴えた。そうした中で、Tの弁護人からの依頼で、筆者が**意見書**を作成することになった。

この頃、Tには、夫に殺されるという内容の悪夢や、夫に暴力をふるわれた状況が視覚的にありありと再現される**フラッシュバック**などの再体験症状が認められた。離

意見書
当事者の双方は、自らの主張を後押しするために、専門家に意見書の作成を依頼することもある。精神鑑定が行われる際に作成されるのが鑑定書で、患者が受診している医療機関から交付されるのが診断書である。

フラッシュバック
→76ページ参照

婚訴訟に際し、これまでの経緯をまとめることが困難で、裁判の準備を進められず、調停でも夫の主張に効果的に反論できなかったことは、回避症状として理解できた。喜怒哀楽の情が失われ、憎しみや怒りまで感じられなくなり、将来のことも考えられなくなるなど、強い麻痺も認められた。不安・焦燥や不眠のほか、夫や姑のことを想起すると動悸や冷や汗が出現するなど、過剰覚醒も持続していた。これらの諸症状は、離婚訴訟で夫との葛藤に再度直面したときに最も増悪したが、その後も持続していた。このほか、抑うつ気分、意欲低下、決断力の低下、体重減少などもきたしていた。

　すでに見たように、生来の病理性はなく、暴力被害を含む夫婦間の深刻な葛藤によって上記の状態像を呈していることが明らかだったため、意見書ではDVによるPTSDと診断し、裁判での夫との対決がDVの二次被害になっていることも指摘した。DV被害者は自己価値観を損ない、自我感情を低迷させ、通常なら行わないような行動に出ることがあるため、預金を解約して賽銭や募金に費やすことも充分にありうることにも言及した。

　当初、Tが多額の賽銭を奉納した寺院の住職が多額の賽銭があったと**証言**してくれることになり、裁判はTに有利に進みかけたが、夫側の弁護人が再三住職を訪ね、多額の賽銭の税制上の問題を指摘するうちに、住職は裁判への関与を厭うようになった。

　夫は、社会的な信頼性を盾に法廷でも滔々と自説を述べ、夫側の弁護人も、裁判官の前で夫を「先生」と祭り上げた。一方のTは、夫の非を指摘すべきときに、夫にも良い面があったと認めてしまったり、緊張して何も言えなくなったり、突然泣き出して性格的に不安定であるかのような印象を裁判官に与えてしまったりで、裁判を

証言
裁判では原告・被告の双方が証言するほか、適宜証人を呼び、証言を求めることがある。法廷での証言は緊張を伴うため、被害者には負担になることも多い。

有利に進めることはできなかった。

結局、Tが数百万円を支払うことで離婚が成立して裁判は結審した。Tにとっては手痛い出費となったが、裁判の経過の中で、当初恐れていた夫への恐怖感が軽減していき、むしろ、なりふり構わず金に拘泥する哀れな男と見なすようになった。

その後Tは、良い転職先が見つかったこともあって、辛い結婚生活の記憶が染みついた地元を離れ、現在は新天地で生き生きと仕事に励んでいる。

考察

自らの正当性を主張し、完膚なきまでに相手を叩き潰そうとする裁判での夫の姿勢は、結婚生活でのDVが法廷で再現されたかのようである。一般に、DVの加害者は、法廷でも躊躇なく相手を責めることができ、裁判を有利に進めるだけの社会的信頼性や経済力を身に付けていることも多い。一方、被害者は生活の基盤すら覚束ないことが少なくない。

Tの場合は、仕事を維持していたし実家の支えもある程度期待できたので、まだ恵まれていよう。それでも、相手に良い面があったことを法廷で認めてしまう優しさを見せ、戦うことに向いていない感がある。だが、考え方を変えれば、そういう二人だからこそ加害－被害関係が生じたとも言えるわけで、裁判で効果的に戦える厳しさを被害者に求めるのは無理があろう。

裁判で被害者の側に立つと、相手を攻めるべきときに攻めあぐね、証言もたどたどしい姿に、不全感を抱くことがある。しかし、そこで被害者に不満を覚えていては、われわれと被害者の間で加害－被害関係が再現されかねない。誤解を恐れずに言えば、被害者が裁判に挑む際に一番重要なことは、客観的な勝利を得ることではないし、ましてや多額の金銭を手

にすることでもなく、被害からの回復の過程で生じる怒りの感情を発散させ、加害者への恐怖感を克服し、無力感や自責感を減らし、自信を回復する作業なのかもしれない。その意味では、あえて不利な戦いを一緒に戦い、判決が下った際には、よくやった、これは実質的な勝利だと力づけることこそが重要であろう。

　近年、トラウマが裁判の主題になることが増えている。ここで見た家事事件にとどまらず、**刑事事件**で加害者の刑罰の減免を狙ったり、反対に被害者の傷害や苦悩を立証して厳罰を目指したり、**民事事件**で損害の賠償や補償、年金受給などを求めたり、難民の保護を目的としたりといった具合に、法廷でPTSDの診断の妥当性が論じられることも少なくない。明らかにPTSDなのに法廷で認められなかったり、反対にどう考えても違うのに声高にPTSDを主張する者がいたりで、臨床家の立場からすると頭を抱えることも多いが、もともとどんな人物で、どんな事態に遭遇したために、どんな状況に陥ったのかということを、事例ごとに整理していくしかなかろう。裁判の真の目的がどこにあるのか見失わなければ、自ずと関わり方は見えてくるはずである。　　　　（辻惠介）

刑事事件
犯罪に対して刑罰を科すべきかどうかや、刑罰の内容・程度を問題として、検察側と弁護側が争う訴訟。

民事事件
当事者間の権利関係を確定し、紛争を解決するための訴訟であり、損害賠償や労使間の争いなどではPTSDが争点となることも増えてきている。

第1部 事例編／第5章 福祉

事例19　児童養護施設で
　　　　　－理不尽な暴力に曝されてきた子どもが抱えるトラウマ－
事例20　乳児院で
　　　　　－身体的虐待とネグレクトを受けて入所した1歳児－
事例21　児童相談所でみられるトラウマ
　　　　　－母親から身体的虐待を受けた男児のケース－

●福祉領域は、心理職が子どもたちのトラウマの問題に最も多く出会う場の一つである。本章では、特に社会的養護に関係する施設・機関での事例が三つ提示されている。一連のケースは、養育者からの虐待によるテーマが共通しているが、社会的養護を受ける子どもは、決して虐待のみではない。死別や病気など、やむなく家族や親族が養育することができず、入所となるケースも多くあることに留意したい。しかしながら、どのような場合であれ、家族からの分離は子どもにとって大きなトラウマ体験となるのは間違いない。まさに子どもの暮らしの場で、心のケアをどれほど充実させ、成長を促せる環境を作り出せるか。その支援には、多彩な分野の専門性と暮らしの中での地域の人々の協力が必要となる。

●事例19は、児童養護施設での事例である。トラウマによる傷つきから、治療的な配慮のある生活環境の中で、回復と成長に向かう支援がなされる。施設での暮らしでは、トラウマの症状に苦しめられ、また再演が起こる子どもたちが複数いるため、子どもたち同士のトラブルになるリスクも高いのはやむないことである。トラウマへの対応は、心理療法担当者だけなく、施設の職員全員でチームを組み、生活のあらゆる場面、そしていつでも、適切な対応ができるような体制作りが進められている。

●事例20は、乳児院での事例である。早期のネグレクトなどによるトラウマと、アタッチメントの問題を提示している。トラウマをいつ、どのように経験するかは、子どもの場合その後の発達に大きく影響する。心身の機能を獲得していくための土台のところに、ダメージを受けてしまう危険がある。それゆえ、養育担当者といかに速やかにアタッチメントを形成していくかは、大切な課題となる。

●事例21は、児童相談所の事例である。児童相談所が対応する子どもの虐待件数は、年々増える一方であり、子どもたちに危険が迫り、一時保護されてくるケースが後を絶たない。ここでは、トラウマ体験による急性ストレス反応を呈する子どもへの対応が鍵となる、安全と安心、そして即座の治療的介入を施すとともに、限られた時間の中で、子どもの生活に関係する多くの情報を集め、適切な支援計画を立てていかねばならない。

〔青木紀久代〕

事例19　児童養護施設で
―理不尽な暴力に曝されてきた子どもが抱えるトラウマー

キーワード　児童養護施設｜トラウマの再演｜解離｜箱庭療法｜複雑性外傷後ストレス障害｜施設内暴力｜ポストトラウマティック・プレイ｜環境療法

ケースの概要

児童養護施設
保護者のいない児童や虐待されている2〜18歳の児童を入所させて養護し、自立のための援助を行うことを目的とする児童福祉施設。全国に約600施設あり、約3万人の児童が生活している。近年、被虐待児の入所が増加している。

　Uは**児童養護施設**に入所している小学2年生の男児。生まれてすぐに両親が離婚し、その後、母親は継父と再婚した。結婚直後は優しかった継父だったが、妹が生まれるとUへのしつけが厳しくなり、言うことをきかないと顔を殴るなどの暴力をふるった。暴力は徐々にエスカレートし、首を絞めて宙吊りにすることもあった。母親の関心も妹に向かい、Uへの暴力を止めることはなかった。小学1年生のときに、顔に青痣をつくって登校してきたことを心配した担任が児童相談所に通告して一時保護された。児童相談所の面接で両親は養育を拒否し、Uも家に帰りたくないと主張したため、小学2年生の4月に児童養護施設への入所となった。

　入所当初のUは、何をするにもケアワーカー（直接処遇職員。以下「CW」）に確認する慎重さとともに、口癖のように「死ね」「殺すぞ」などと言う姿も見られた。ある日、ささいなきっかけで同室の小学生とケンカになり、相手の首を絞めているところをCWに見つかり、厳しく注意された。しかし、指導が終わると何事もなかったようにケロッとしているUの様子にCWは違和感を覚えた。その後も、ささいなことで癇癪を起こし他児に暴力をふるうが、いくら指導しても反省しているように見えなかった。また、徐々にCWに対しても反抗的な態度が目立つようになり、大人をわざと怒らせるような行動をとることもあった。対応に困ったCWから、施設の心理職に相

談があり、個別心理療法の導入を決めた。

担当となった男性心理職が部屋を訪ねて心理療法について説明すると、Uの顔がさっとこわばり、「そんなの絶対行かねー」と拒否的な態度を示した。特にプレイルーム（心理療法室）に入ることを頑なに拒絶するため、心理療法の時間の枠は守りながら、一緒に過ごす場所を選ばせると、グラウンドでのサッカーならしてもいいと言うので、まずは二人でのサッカーから開始した。

見立て

Uの暴力行動や大人を怒らせる行動は、身体的虐待による**トラウマの再演**であると考えられた。また、CWが厳しく指導すると**解離**症状が現れ、意識が分離してしまい指導内容がまったく入っていないと推測された。そのため、暴力行動の対応について、厳しく注意する前にUをその場から離して落ち着かせることを優先し、そのあとに丁寧に何が悪かったのかを説明するようにした。また、Uが初めての状況に置かれると不安定になりかんしゃくを起こすことが多かったため、いつもと異なる予定があるときは前もって伝えて、生活の見通しが立つように配慮した。心理療法では、Uにとって大人（特に男性）と二人で過ごす時間が虐待場面を想起させると考えられたため、まずは心理職に対してある程度の安心感を抱けるような関係をつくることを目指した。

トラウマの再演
トラウマを抱えた人が、再び同じようなトラウマを受けるような事態を招いたり、周囲の人たちにトラウマを与えたりすることによって、自分のトラウマを再現する傾向のこと。

解離
あまりに辛い体験をしたときに、記憶や意識を統合する能力が一時的に失われ、人格の統合が分離してしまうこと。そのため、ある出来事に関する記憶がすっぽり抜け落ちてしまうこともある。
（→76ページも参照）

援助の経過

心理療法では、しばらくグラウンドでのサッカーを続けた。はじめは男性心理職に対して強い緊張感を示してい

箱庭療法
縦57cm×横72cm×高さ7cmで内側が水色に塗られた砂の入った長方形の箱の中に、セラピストに見守られながら、ミニチュア玩具を自由に並べる心理療法。言葉を用いずに心的世界を表現できることから、子どもの心理療法でも多く使用されている。

たが、徐々に二人での時間を楽しめるようになった。そこで、プレイルームに誘うと同意した。部屋に入ると**箱庭療法**の道具に興味を示したので制作を促すと、男の子の人形が肉食獣や恐竜に次々に襲われて殺されるという物語を展開した。男の子が助かる方法はないか尋ねると「ない。死ぬしかない」と冷たく言い、最後は棚にあるすべてのミニチュア玩具を箱庭の中に積み上げるという遊びが何回も繰り返された。あまりに救いのない世界に心理職は無力感を抱いたが、これがUの生きてきた世界であると感じ、あるセッションで「こんな大変な世界をよく生き延びてきたね。辛かったな」と伝えると、驚いた表情を見せた。そこで、この男の子を救う方法を一緒に考えようと提案すると、救急車や病院が置かれ、肉食獣に襲われ傷ついた男の子を治療するストーリーに発展していった。

　生活場面では、Uが暴力事件を起こすと個室に移動させて落ち着かせることを最優先した。そして、暴力に対しては毅然と制しながら、「暴力という行為は悪いがUは悪い子ではない」というメッセージを繰り返し伝えた。するとある日、「施設の職員はオレが悪いことをするから怒るんだね」と納得したような表情で言い、暴力行動やCWを怒らせるような行動も減っていった。

複雑性外傷後ストレス障害
災害や事故などによる単純性PTSDと異なり、児童虐待のように反復的で長期的なトラウマ体験によるPTSDのことで、その人の人格や対人関係までも歪めてしまうことがある。

考察

　現在、児童養護施設では被虐待児の入所が増加しており、治療的な養育が求められている。児童虐待によるトラウマの特徴は、ハーマン（Herman, 1992）が**複雑性外傷後ストレス障害**（複雑性PTSD）という概念で説明しているように、子どもの人格や対人関係までも歪めてしまうことである。西澤（1999）は、虐待を受けた子どもは、新たな養育者からも暴力的な関わり

を引き出してしまう虐待的人間関係の再現傾向を持っており、大人がその関係に巻き込まれると虐待が繰り返される可能性があると指摘している。また、被虐待児は怒りの調節が困難であり、爆発的な暴力行動を示しやすい。さらに、虐待体験から自分の心を守るために解離症状をもつ子どもも多く、自分の暴力行為をはっきりと覚えていないこともあり、指導が積み重なりにくい。そのため、**施設内暴力**の問題に容易に巻き込まれてしまう。

ギル（Gil, 1991）は、被虐待児の心理療法の目的を、トラウマそのものを扱う回復的経験と、子どもに安心感を与える人間関係を経験させる修正的経験に分けている。児童養護施設では、回復的経験は心理療法という守られた枠組みの中で実施することが適している。たとえば、トラウマを遊びの中で再演する**ポストトラウマティック・プレイ**にセラピストが適切に介入するポストトラウマティック・プレイセラピーなどが有効である。Uは箱庭を利用して、虐待によるトラウマ体験を再現し再統合することで心の傷を癒していった。

一方、修正的経験は日常生活のなかで、**環境療法**として行われる方が効果的である。西澤（1999）は虐待を受けた子どもの環境療法について、①安心感・安全感の再形成、②保護されているという感覚の再形成という二つの基礎のうえに、①人間関係の修正、②感情コントロールの修正、③自己イメージ・他者イメージの修正、④問題行動の理解と修正という四つの柱を立てて説明している。Uの場合もCWの丁寧な関わりのなかで、生活に見通しがつくようになり、自分が守られているという感覚が育ってきたために暴力行動が減ったと考えられた。

予測不能で理不尽な暴力に曝され続け、強いトラウマを抱えた子どもを心理療法だけで治療することは困難であり、安定した生活環境のなかで安心して日常生活を送ることがなによりも大切である。そのなかで大人との信頼関係を少しずつでも育んでいくことを目指す。そのためには、虐待を受けた

施設内暴力
施設内で起こる暴力のこと。田嶌（2011）は、児童福祉施設における暴力を、①顕在的暴力と②潜在的暴力の2レベル、①職員から子どもへの暴力、②子ども間暴力、③子どもから職員への暴力の3種に分けて整理している。

ポストトラウマティック・プレイ
トラウマを受けた子どもが、トラウマとなった体験を遊びのなかで繰り返し表現すること。その遊びに強迫的に固執するため、発達に必要な遊びの柔軟性や空想性を制限されてしまう。（→27ページも参照）

環境療法
生活環境そのものを治療的に整え、日常生活のなかで対象者の心理的・行動的問題を理解して、日常的なやりとりを通して心理的に援助する方法。

子どもの心理特性を理解し、CWと心理職が連携して児童養護施設全体のケア能力を高めていく必要がある。(塩谷隼平)

参考文献
田嶌誠一 (2011)『児童福祉施設における暴力問題の理解と対応——続・現実に介入しつつ心に関わる』金剛出版.
西澤哲 (1999)『トラウマの臨床心理学』金剛出版.
Gil, E. (1991) The Healing Power of Play: Working with Abused Children. New York: Guilford Press.(西澤哲(訳)(1997)『虐待を受けた子どものプレイセラピー』誠信書房).
Herman, J. L. (1992) Trauma and Recovery: The Aftermath of Violence —— from Domestic Abuse to Political Terror. New York: Basic Books.(中井久夫(訳)(1999)『心的外傷と回復 増補版』みすず書房).

事例20 乳児院で
－身体的虐待とネグレクトを受けて入所した1歳児－

キーワード 睡眠障害｜反応性愛着障害｜生活臨床｜家族再統合

ケースの概要

　V（1歳）は母子世帯で生まれた。実母は育児疲れから精神的に不安定な状態となり、泣き止まないVに暴力をふるってしまい、育児を続けることができないため、Vを施設に預けたいと児童相談所に申し出た。児童相談所による家庭訪問時に、Vの顔面に皮下出血が認められたことから、身体的虐待があったと判断され、Vは1歳0か月のときに乳児院入所措置となった。

　乳児院に入所してきたとき、Vは大人が頭を撫でようとして手を伸ばしたりすると、ビクッとして目を閉じる様子が見られた。人見知りはせず、誰にでも愛想良く笑いかけていたが、自分から大人を呼んで抱っこを求めたりすることは少なかった。

　入所の数日後から寝入りのぐずりが激しくなり、浅眠で中途覚醒しやすく、覚醒時激しく泣くなど、**睡眠障害**を示した。担当養育者に対しては笑顔を向けることが多く、喜んで関わる姿があったが、痛みを覚えても泣かず、新奇場面でも固まり、担当や居室の養育者に発信して助けを求める様子はほとんどなかった。しかし、時々叫ぶようにぐずり泣く姿はあり、そうなると何をしてもおさまりにくく、気持ちが立ち直るまでに時間がかかった。

睡眠障害
入眠や睡眠維持の困難、浅眠などが認められる。心的外傷後ストレス障害（6歳以下の場合を含む）では、過覚醒による睡眠障害が症状として含まれる。

見立て

　ケース会議でVについての情報を共有し、支援方法を

検討する中で心理職から見立てを伝えた。手を頭上に差し出されたときの怯えたような反応と睡眠障害については、身体的虐待がトラウマとなっている可能性が考えられた。また、母親からの分離や入所による環境の変化に対して不安を見せず、大人をあまり区別しない様子、苦痛な状態でも大人の助けを求めないものの、いったん情緒が崩れると調節が難しくなる様子などから、ネグレクトも疑われる状態だった。DSM-5の**反応性愛着障害**の基準に当てはまる部分も多く、母親との愛着の問題が認められた。

こうしたことを踏まえ、まずは乳児院での生活に慣れ、安心して過ごせるように、養育者はVの要求や発信に対してはなるべく速やかに、かつ優しく応答し、アイコンタクトやスキンシップも重ねること、担当養育者については、Vが愛着対象として意識し、信頼や依存を向けやすくなるよう、生活の中で個別時間も設けながら密に関わる方が良いことを伝えた。しばらくの間は、Vと担当養育者との愛着形成が進むように、居室養育者がチームとしてできる限り協力していくことを確認した。

援助の経過

その後のケース会議でVの様子を確認し、支援の見直しを行った。Vは相変わらず発信が弱く目立ちにくいものの、急にあてもなく何かを要求し始め、激しくぐずったり叫ぶように泣き続けたりする姿が増えた。抱っこや声掛けなどをしても落ち着かないものの、いつも、自分で急に泣き止んで何事もなかったかのように遊びに戻った。担当養育者とは、普段は嬉しそうに関わるものの、気持ちが崩れたときに抱っこや声かけ等を受けても立ち直り

反応性愛着障害
著しく不十分な養育により特定の選択的なアタッチメント対象を持たない、最重度の愛着の障害とされる。抑制型と脱抑制型の2型を含んでいたが、DSM-5では、反応性愛着障害と脱抑制型対人交流障害とに分けられた。(→26ページも参照)

にくかった。抱っこもあまり好まない様子で、すぐに降りたがった。こうした姿から担当養育者が十分な愛着対象となっておらず、愛着の問題が根深いことがさらに浮き彫りになってきた。

ケース会議で、居室養育者については、これまでと変わらず応答的な関わりを継続することに加え、なるべく多く養育者の方から積極的に関わるよう依頼した。担当養育者については、個別の時間に心理職が同席し、その後の話し合いの中で関わりの手掛かりを持ち帰ってもらえるようにした。担当養育者が、個別時間の中で抱っこなどの身体接触やアイコンタクトを多くしながら、Vが安心感や快の感情を得られるように密に関わることなどを助言した。

その後、Vは担当養育者への後追いを示すようになり、不安や要求が生じた際に、自ら身近な養育者に近寄り、助けを求められるようになった。発信が増え、大人とのやりとりの中で情緒の調節を行いつつ過ごせるようにもなっていった。同時に、睡眠障害も改善し、養育者の姿を確認することで安心して眠れるようになった。

考察

本事例は架空のものだが、虐待やネグレクトで乳児院に入所する子どもは、愛着の複雑かつ深刻な問題を有している。しかし、乳児院では個別の時間をとれる機会は少なく、また、交替制勤務により担当養育者が不在となる時間も多いため、愛着形成に適した環境とはいえない。そのため、チームワークをフルに使い、子どもにとって快適で安心できる生活を日々提供していく**生活臨床**の視点が重要となる。遊び、食事、入浴、排泄など、生活の各場面において、楽しみや安心感を得られるよう、工夫をしながら支援していくことで、担当養育

生活臨床
子どもの日常生活場面における環境や活動、関わりなどを、子どもの回復や育ちに大きな影響を及ぼすものとして設定・アレンジして、治療・臨床実践に活かしていくことを指す。

者との愛着形成の土台作りをすることになる。個別的なケアも必要不可欠であり、乳幼児期の愛着に関する問題については、児童と担当養育者、心理職の三者でセッションを行う中で子どもへの理解を深め、日々の関わりの手掛かりを得てもらい、生活の中でより充実した関わりやケアを行えるように支援することが望ましいと考えられる。

　この事例では、トラウマそのものを扱ってはいないが、安全な環境の提供と安定した愛着の形成により改善を示した。しかし、DSM-5では6歳以下のPTSDの診断基準が設けられており、乳幼児期にもトラウマやPTSDは存在し（青木,2015）、虐待・ネグレクトに対しては、愛着とトラウマの両方を意識した介入を行っていく必要があるとされている。今後、乳児院でも愛着だけでなくトラウマに焦点を当てたケアを確立し、実践していく必要があると考えられる。

　乳児院では、保護者が引き取りを希望すれば、**家族再統合**に向けた支援が必要となる。虐待者である親との交流はトラウマへの暴露となり、子どもの安心感を損なう恐れがある。親子それぞれへのアセスメントとメンタルケアを行うことに加え、保護者との愛着の改善のための介入も行う必要があるため、児童相談所と連携し、情報交換や役割分担をしながら、段階的にかつ慎重に進めなければならない。　　　　（畑山愛）

家族再統合
家庭内で起きた子ども虐待により親子が分離された場合に、その家族の態様に応じて親子関係を再構築すること、またそのための支援を指し、必ずしも親子が一緒に住み暮らすこと（家庭復帰）を意味しないとされる。

参考文献
青木豊（編著）(2015)『乳幼児虐待のアセスメントと支援』岩崎学術出版社.
庄司順一・奥山眞紀子・久保田まり（編著）(2008)『アタッチメント――子ども虐待・トラウマ・対象喪失・社会的養護をめぐって』明石書店.
杉山登志郎（編著）(2013)『講座 子ども虐待への新たなケア』学研プラス.
増沢高・青木紀久代（編著）(2012)『社会的養護における生活臨床と心理臨床――多職種協働による支援と心理職の役割』福村出版.

事例21 児童相談所でみられるトラウマ
－母親から身体的虐待を受けた男児のケース－

キーワード 急性ストレス反応｜児童相談所｜過覚醒｜家族画

ケースの概要

　Wは小学校3年生の男児で、父母と乳児の弟の4人家族である。朝、通学路で顔に痣があり、泣いているWを見つけた近所の人が、すぐ近くにある小学校の教員に引き渡した。Wは言葉にまとまりがなく、落ち着かず、不安や何かに脅えた様子を見せ、さらには、怒りだすといった**急性ストレス反応**を示していた。断片的な話から、その朝母親から暴力を受けたことが明らかになり、学校から**児童相談所**へ通報の後、一時保護となった。母親はWへの暴力について、朝の支度をするように何度促しても言うことを聞かず、叩いてしまったと話した。

　もともと、母親はWに対して育てにくさを感じており、乳児期は夜泣きがひどく、また、健診では言葉の遅れを指摘された。幼稚園入園後は言葉の発達が見られるが、思いどおりにならないと他児を叩く行動がしばしば見られ、小学校ではルールを守ることが難しかった。父親は仕事でほぼ家を空けており、祖父母は遠方に住んでおり、母親をサポートする資源がない状況であった。弟に対して乳児院で一時保護を実施することとなった。

見立て

　Wは一時保護から数日経つと、言葉のまとまりのなさ、不安や恐怖は消失するが、他児の言動が少しでも自身に向いていると思うと相手に殴りかかるといった激しい怒

急性ストレス反応
例外的に強い身体的、精神的ストレス体験によって数分以内に出現し、2～3日以内に消失する障害。不安、抑うつ、怒り、絶望、過活動などの症状が混在する。

児童相談所
児童福祉法に基づいて設置される行政機関。市町村と役割分担・連携を図りつつ、18歳未満の子どもに関する相談に対して援助を行う。援助指針は、児童福祉司等による社会診断、児童心理司等による心理診断、医師による医学診断、一時保護所の児童指導員や保育士等による行動診断、その他の診断をもとに組み立てられる。

> **過覚醒**
> 心的外傷体験後に出現または悪化する症状。DSM-5では、「覚醒と反応性の変化」として、いらだたしさと激しい怒り、無謀なまたは自己破壊的な行動、過度の警戒心、過剰な驚愕反応、集中困難、睡眠障害が症状として挙げられる。

> **家族画**
> 自身の家族全員の絵を描くハルスの家族画では、子どもが捉えるそれぞれの家族の役割や、家族に対する姿勢などが表現される。

り、落ち着きのなさ、集中力の途切れやすさによる**過覚醒**が顕著となった。また、悪夢で目が覚めることや、外遊びでは公園の隅で過ごすことが多かった。

児童心理司との初回の面接では、児童相談所について、また、面接の目的や今後の見通しを伝えた。保護された経緯を確認する際は、Ｗはそれを避けて、おもちゃに夢中になっていた。知能検査では取り組みや能力にばらつきが見られ、特に言語性の課題に対する困難さがうかがえた。**家族画**では、扉はなく屋根に窓のついた家の中に大きく描かれた母親とその半分の大きさのＷ、そして、二人の間にはＷの頭上の高さにさらに小さな弟がおり、外には仕事に行く父親が描かれていた。両親とＷが笑顔のなか、弟には顔のパーツが描かれていなかった。両親に肯定的な印象を持ちながらも、閉鎖的な家の中で占める母親の存在の大きさに加え、弟への恐れや捉えがたさが考えられた。

援助の経過

落ち着きのなさや集中力の波は続くが、睡眠は安定し、活動への意欲も見られた。面接では、両親とゲームをしたエピソードに続けて、「お家に帰りたい。Ｗのお家だから」、「ママの言うこと、聞いたら叩かれない」といった語りが見られた。Ｗから発信される一つひとつの言動を丁寧に扱いつつ、今後、家で暮らしていく上で、どのような希望や心配事があるか、安心して家で過ごすためにどのようなことが考えられるかについて話をした。

面会では、Ｗは躊躇なく両親のいる面接室に入ってまずは母親に抱きつき、母親はそれに応じながらＷに謝罪の言葉を繰り返していた。Ｗが所内の生活について伝える

なか、母親は職員に迷惑をかけていないか確認していた。両親に心理検査の結果を伝える際は、母親からWに言葉の遅れがあるなかで、ちゃんと育てたい思いがあったが、言うことが伝わらず、接し方がわからなかったと語られた。Wの発達特性や必要な配慮について共有し、具体的な関わりについて模索した。両親はWや弟の家庭引き取りや社会資源の活用に積極的で、Wに放課後児童デイサービス、弟に保育所の活用が検討された。

　小学校とのカンファレンスでは、Wが他児と衝突しやすいなかで気持ちが落ち着くまで時間をおいてから指導を行っていること、役割を与えることで一生懸命取り組む姿や学年の初めに比べて成長が見られていることが担任から共有された。母親がWに「迷惑をかけない子」を求めるなかで、周囲の資源をより身近に感じながらWの変化を捉えていくための働きかけについて検討された。弟に関しても、保健センターへの情報共有と見守りの依頼が行われた。

　最終的に、短期から長期外泊を経て家庭引き取りとなり、定期的な通所による経過確認のなかで、母親からは、担任に教えられたWの成長を家でも見ることができたことや、Wと二人で過ごした時間について語られた。さらに、Wが日常生活で母親や弟に見せる言動から、Wの気持ちを一緒に探索する余裕が少しずつ生まれてきた。

考察

　虐待事例において援助を検討していく上では、外傷体験による影響に加え、子どもの過去から現在に至る状態像や子どもを取り巻く環境など、多面的な理解が必要である。なかでも子どもの日常生活に即した子ども理解や援助において、学校などの関係機関による地域の視点や関わりは欠かせない。場

面や状況ごとでの子どもの状態像を把握し、対処困難な課題や状況などを整理することで、理解が深まり、具体的な手立ても講じやすくなる（増沢・青木，2012）。

　本事例では、Wにとって安心できる家庭環境の構築と発達促進的な関わりにつなげるため、子育てへの困難さを抱え孤立する母親を支える環境の整備と、母親がWの特性や気持ちに一緒に目を向けられることを目指して援助が進められた。Wの状態像については、発達課題も併せて理解していく必要があったが、虐待事例においては外傷体験による影響と生来的な障害の見極めが難しい。障害の把握については、障害名の有無だけではなく、何の機能にどの程度の障害があるのか具体的に検討し、可能な取り組みや必要な配慮といった現実的な対応を考えていくこととなる（増沢，2013）。

　日常場面に関しては、小学校で担任がWの特性を理解して肯定的な側面をくみ取っており、その上でWに向けているまなざしが、Wの成長の一つの要因になっていたことが考えられる。大人のまなざしのなかに子どもは自分を見ており、周囲のまなざしによって子どものふるまいも異なってくる（平野，2005）。こうした子どもへの担任のまなざしを母親と共有することにより母親に安心感が生まれ、Wの内面に目を向ける余裕ができたと言える。このような変化についても援助者間で共有し、それぞれの支援の場で次に必要とされる関わりについて検討する機会を適宜設けることが望ましい。

（長屋裕介）

参考文献
平野直己（2005）「子どものサインに気づいたときどうするか」『児童心理』59(16)，pp.60-64.
増沢高（2013）「アセスメントに必要な情報把握」相澤仁ほか（編）『子どもの発達・アセスメントと養育・支援プラン』明石書店.
増沢高・青木紀久代（編著）（2012）『社会的養護における生活臨床と心理臨床――多職種協働による支援と心理職の役割』福村出版.

事例21：児童相談所でみられるトラウマ　－母親から身体的虐待を受けた男児のケース－

第II部 理論編

1 トラウマの歴史と変遷
2 PTSDの有病率　　　　　　－何がトラウマになるのか－
3 トラウマ症状とその周辺
4 トラウマの治療(1)　　　　　　　　　　－薬物療法－
5 トラウマの治療(2)　　　　　　　　－認知行動療法－
6 トラウマの治療(3)　　　　　　　　－精神分析療法－
7 子どものトラウマ　　　　　－乳幼児期を中心として－

●この理論編では、トラウマの歴史的背景や概念、米国精神医学会の診断基準、トラウマとなる出来事とは何か、人々の経験率やPTSDの有病率などを示す。加えて、トラウマを体験した際にPTSDだけでなく他の症状を呈することも説明した。支援者や周囲の人間は、トラウマティックな体験をしているとそのことに注目しすぎ、他の症状やその人のこれまでの問題について見逃すことがあることを説明している。また、トラウマティックな体験を言いたくない人、隠していたり忘れてしまっている人の場合には、支援者がトラウマ症状の周辺症状に翻弄されることがあることを説明している。

●治療法では、大人のPTSD患者に対する薬物療法について最新の情報を説明し、薬物療法開始時・変更時に評価、検討すべきことを解説した。大人と同じようにいかないのが子どもの薬物療法である。子どもの薬物療法には、慎重さと多面的なアプローチを勧めている。

●認知行動療法は、大人にも子どもにも有効性が高い。心理教育、リラクセーション、トラウマ焦点化認知行動療法、PE療法（長時間曝露療法、エクスポージャー療法）、EMDR（眼球運動による脱感作と再処理法）、TF-CBT（トラウマフォーカスド認知行動療法）の概略を紹介した。精神分析療法は、古くからトラウマに注目してきたフロイトによる接近から現代の進化した方法を説明している。

●理論編では、トラウマに関する社会の一般的な理解と専門家の基準との違いや誤解がなるべく少なくなることを目指した。医学的なエビデンスを追求した治療法が日々進化するなかで、暮らしの現場では医療につながらないケースも少なくない。支援者に理論を正確に理解していただき、適切な治療に結びつけ、治療だけでなく社会福祉的な資源の提供など多職種によるチームケアを目指すためにまとめた。子どものトラウマは大人と異なる症状があり、治療法も違ってくる。ここでは、ペアレントプログラム、プレイセラピー、子ども－親心理療法などの具体的な治療法が説明されている。

（藤森和美）

第Ⅱ部　理論編

1　トラウマの歴史と変遷

1) トラウマの歴史

　人間は過去に起こった出来事を記憶して、それを経験として積み重ね生活をしていく生き物である。そのため、精神的に耐えられない恐ろしい出来事、嫌なこと、想像できないことが発生してしまったときも、それを頭の中で記憶してしまう。そういった嫌な出来事、二度と味わいたくない経験によってできた心の傷をトラウマという。もともとトラウマの語源は、身体の「外傷、傷」というギリシャ語であったが、現在では心の傷を示す言葉として理解されている。
　歴史的には1917年にフロイト（Freud）が、物理的な外傷が後遺症となるように、過去の心の傷も精神的に様々な障害を引き起こすことを『精神分析学入門』で発表した。その際に、精神的外傷を意味して「trauma（トラウマ）」という言葉が用いられた。そのため現在では、心的外傷体験や心的外傷という意味で使われるようになった。

2) 診断基準ができるまで

　疾患概念としては、19世紀に鉄道事故被害者に「鉄道脊椎」と呼ばれる症状が見られた。鉄道事故で怪我をした患者が、身体的な外傷は治っているにもかかわらず、歩けない、動けないなどの症状を呈したことを指す。20世紀初頭には、戦闘を体験した兵士に「シェルショック（砲弾ショック）」、「ヒステリー」、「戦争神経症」とも呼ばれる症状が見られた。戦争の恐ろしい体験や自身の怪我だけでなく、同僚の怪我や死を目撃することで、兵士たちが戦うことができない状態に陥ったことが報告されている。1941年にはカーディナー（Kardiner）が「戦争による外傷神経症」を発表し、この症状記述がPTSD（Posttraumatic Stress Disorder：外傷後ストレス障害）診断基準の記述の礎となった。
　PTSDは診断基準の設定、および米国を中心とする1980年代以降の疫学研究・治療研究の蓄積によって、ようやく社会に認められるようになった疾患といえよ

う。米国精神医学会は、1980年に『精神障害の診断・統計マニュアル（Diagnostic and Statistical Manual of Mental Disorders：DSM）-III』にて、初めてPTSDの診断基準を示した。その背景には、米国におけるベトナム戦争の帰還兵が抱える精神的症状（ポストベトナム症候群）の問題が横たわっており、正式な精神医学的診断名をつける必要があった。

当初は戦闘体験との関連だけが注目されていたため、男性兵士の病気と理解されていた。ところが従軍看護師である女性兵士も、凄惨な怪我人の手当てや遺体への曝露による症状があることがわかってきて、女性もPTSDになることが認められるようになった。この頃、多くの女性看護兵は軍隊での地位が高く、自らがトラウマを抱えていることを言い出せなかったという歴史があった。今では、女性も一般兵士として従軍しており、その垣根は取り払われている。

さらにその後、女性へのパートナーからの暴力（DV）の被害や、虐待された子どもの被害もトラウマの概念に組み込まれてきた歴史がある。

3) DSM-5におけるPTSD

PTSDの最新の診断基準（表II-1-1）は、2013年に公開されたDSM-5であり、日本語にも翻訳されている。大きく変更になったのは、侵入、回避、過覚醒の主要三症状に「認知と気分の陰性の変化」が加わり四症状となった点である（図II-1-1）。また、新しく6歳以下の子どもの診断基準が示された。

表II-1-1　DSM-5における心的外傷後ストレス障害の診断基準

診断基準
心的外傷後ストレス障害
注：以下の基準は成人、青年、6歳を超える子どもについて適用する。6歳以下の子どもについては後述の基準を参照すること。 A. 実際にまたは危うく死ぬ、重症を負う、性的暴力を受ける出来事への、以下のいずれか1つ（またはそれ以上）の形による曝露： 　(1) 心的外傷的出来事を直接体験する。 　(2) 他人に起こった出来事を直に目撃する。 　(3) 近親者または親しい友人に起こった心的外傷的出来事を耳にする。家族または友人が実際に死んだ出来事または危うく死にそうになった出来事の場合、それは暴力的なものまたは偶発的なものでなくてはならない。 　(4) 心的外傷的出来事の強い不快感をいだく細部に、繰り返しまたは極端に曝露される体験をする（例：

遺体を収集する緊急対応要員、児童虐待の詳細に繰り返し曝露される警官).
注:基準A4は、仕事に関連するものでない限り、電子媒体、テレビ、映像、または写真による曝露には適用されない。

B. 心的外傷的出来事の後に始まる、その心的外傷的出来事に関連した、以下のいずれか1つ(またはそれ以上)の侵入症状の存在:
(1) 心的外傷的出来事の反復的、不随意的、および侵入的で苦痛な記憶
注:6歳を超える子どもの場合、心的外傷的出来事の主題または側面が表現された遊びを繰り返すことがある。
(2) 夢の内容と情動またはそのいずれかが心的外傷的出来事に関連している、反復的で苦痛な夢
注:子どもの場合、内容のはっきりしない恐ろしい夢のことがある。
(3) 心的外傷的出来事が再び起こっているように感じる、またはそのように行動する解離症状(例:フラッシュバック)(このような反応は1つの連続体として生じ、非常に極端な場合は現実の状況への認識を完全に喪失するという形で現れる)。
注:子どもの場合、心的外傷に特異的な再演が遊びの中で起こることがある。
(4) 心的外傷的出来事の側面を象徴するまたはそれに類似する、内的または外的なきっかけに曝露された際の強烈なまたは遷延する心理的苦痛
(5) 心的外傷的出来事の側面を象徴するまたはそれに類似する、内的または外的なきっかけに対する顕著な生理学的反応

C. 心的外傷的出来事に関連する刺激の持続的回避。心的外傷的出来事の後に始まり、以下のいずれか1つまたは両方で示される。
(1) 心的外傷的出来事についての、または密接に関連する苦痛な記憶、思考、または感情の回避、または回避しようとする努力
(2) 心的外傷的出来事についての、または密接に関連する苦痛な記憶、思考、または感情を呼び起こすことに結びつくもの(人、場所、会話、行動、物、状況)の回避、または回避しようとする努力

D. 心的外傷的出来事に関連した認知と気分の陰性の変化。心的外傷的出来事の後に発現または悪化し、以下のいずれか2つ(またはそれ以上)で示される。
(1) 心的外傷的出来事の重要な側面の想起不能(通常は解離性健忘によるものであり、頭部外傷やアルコール、または薬物など他の要因によるものではない)
(2) 自分自身や他者、世界に対する持続的で過剰に否定的な信念や予想(例:「私が悪い」、「誰も信用できない」、「世界は徹底的に危険だ」、「私の全神経系は永久に破壊された」)
(3) 自分自身や他者への非難につながる、心的外傷的出来事の原因や結果についての持続的でゆがんだ認識
(4) 持続的な陰性の感情状態(例:恐怖、戦慄、怒り、罪悪感、または恥)
(5) 重要な活動への関心または参加の著しい減退
(6) 他者から孤立している、または疎遠になっている感覚
(7) 陽性の情動を体験することが持続的にできないこと(例:幸福や満足、愛情を感じることができないこと)

E. 心的外傷的出来事と関連した、覚醒度と反応性の著しい変化。心的外傷的出来事の後に発現または悪化し、以下のいずれか2つ(またはそれ以上)で示される。
(1) 人や物に対する言語的または肉体的な攻撃性で通常示される、(ほとんど挑発なしでの)いらだたしさと激しい怒り
(2) 無謀なまたは自己破壊的な行動
(3) 過度の警戒心
(4) 過剰な驚愕反応
(5) 集中困難
(6) 睡眠障害(例:入眠や睡眠維持の困難、または浅い眠り)

F. 障害(基準B, C, DおよびE)の持続が1カ月以上

G. その障害は、臨床的に意味のある苦痛、または社会的、職業的、または他の重要な領域における機能

の障害を引き起こしている。
H. その障害は、物質(例:医薬品またはアルコール)または他の医学的疾患の生理学的作用によるものではない。

▶いずれかを特定せよ

解離症状を伴う:症状が心的外傷後ストレス障害の基準を満たし、加えてストレス因への反応として、次のいずれかの症状を持続的または反復的に体験する。

1. **離人感**:自分の精神機能や身体から遊離し、あたかも外部の傍観者であるかのように感じる持続的または反復的な体験(例:夢の中にいるような感じ、自己または身体の非現実感や、時間が進むのが遅い感覚)
2. **現実感消失**:周囲の非現実感の持続的または反復的な体験(例:まわりの世界が非現実的で、夢のようで、ぼんやりし、またはゆがんでいるように体験される)

注:この下位分類を用いるには、解離症状が物質(例:アルコール中毒中の意識喪失、行動)または他の医学的疾患(例:複雑部分発作)の生理学的作用によるものであってはならない。

▶該当すれば特定せよ

遅延顕症型:その出来事から少なくとも6カ月間(いくつかの症状の発症や発現が即時であったとしても)診断基準を完全には満たしていない場合

6歳以下の子どもの心的外傷後ストレス障害

A. 6歳以下の子どもにおける、実際にまたは危うく死ぬ、重症を負う、性的暴力を受ける出来事への、以下のいずれか1つ(またはそれ以上)の形による曝露:
   (1) 心的外傷的出来事を直接体験する。
   (2) 他人、特に主な養育者に起こった出来事を直に目撃する。
   注:電子媒体、テレビ、映像、または写真のみで見た出来事は目撃に含めない。
   (3) 親または養育者に起こった心的外傷的出来事を耳にする。
B. 心的外傷的出来事の後に始まる、その心的外傷的出来事に関連した、以下のいずれか1つ(またはそれ以上)の侵入症状の存在:
   (1) 心的外傷的出来事の反復的、不随意的、および侵入的で苦痛な記憶
   注:自動的で侵入的な記憶は必ずしも苦痛として現れるわけではなく、再演する遊びとして表現されることがある。
   (2) 夢の内容と情動またはそのいずれかが心的外傷的出来事に関連している、反復的で苦痛な夢
   注:恐ろしい内容が心的外傷的出来事に関連していることを確認できないことがある。
   (3) 心的外傷的出来事が再び起こっているように感じる、またはそのように行動する解離症状(例:フラッシュバック)(このような反応は1つの連続体として生じ、非常に極端な場合は現実の状況への認識を完全に喪失するという形で現れる)。このような心的外傷に特異的な再演が遊びの中で起こることがある。
   (4) 心的外傷的出来事の側面を象徴するまたはそれに類似する、内的または外的なきっかけに曝露された際の強烈なまたは遷延する心理的苦痛
   (5) 心的外傷的出来事を想起させるものへの顕著な生理学的反応
C. 心的外傷的出来事に関連する刺激の持続的回避、または心的外傷的出来事に関連した認知と気分の陰性の変化で示される、以下の症状のいずれか1つ(またはそれ以上)が存在する必要があり、それは心的外傷的出来事の後に発現または悪化している。

刺激の持続的回避
   (1) 心的外傷的出来事の記憶を喚起する行為、場所、身体的に思い出させるものの回避、または回避しようとする努力
   (2) 心的外傷的出来事の記憶を喚起する人や会話、対人関係の回避、または回避しようとする努力

認知の陰性変化
   (3) 陰性の情動状態(例:恐怖、罪悪感、悲しみ、恥、混乱)の大幅な増加

- (4) 遊びの抑制を含め、重要な活動への関心または参加の著しい減退
- (5) 社会的な引きこもり行動
- (6) 陽性の情動を表出することの持続的減少

D. 心的外傷的出来事と関連した覚醒度と反応性の著しい変化。心的外傷的出来事の後に発現または悪化しており、以下のうち2つ（またはそれ以上）によって示される。
- (1) 人や物に対する（極端なかんしゃくを含む）言語的または肉体的な攻撃性で通常示される、（ほとんど挑発なしての）いらだたしさと激しい怒り
- (2) 過度の警戒心
- (3) 過剰な驚愕反応
- (4) 集中困難
- (5) 睡眠障害（例：入眠や睡眠維持の困難、または浅い眠り）

E. 障害の持続が1カ月以上
F. その障害は、臨床的に意味のある苦痛、または両親や同胞、仲間、他の養育者との関係や学校活動における機能の障害を引き起こしている。
G. その障害は、物質（例：医薬品またはアルコール）または他の医学的疾患の生理学的作用によるものではない。

▶いずれかを特定せよ

解離症状を伴う：症状が心的外傷後ストレス障害の基準を満たし、次のいずれかの症状を持続的または反復的に体験する。
1. 離人感：自分の精神機能や身体から遊離し、あたかも外部の傍観者であるかのように感じる持続的または反復的な体験（例：夢の中にいるような感じ、自己または身体の非現実感や、時間が進むのが遅い感覚）
2. 現実感消失：周囲の非現実感の持続的または反復的な体験（例：まわりの世界が非現実的で、夢のようで、ぼんやりし、またはゆがんでいるように体験される）

注：この下位分類を用いるには、解離症状が物質（例：意識喪失）または他の医学的疾患（例：複雑部分発作）の生理学的作用によるものであってはならない。

▶該当すれば特定せよ

遅延顕症型：その出来事から少なくとも6カ月間（いくつかの症状の発症や発現が即時であったとしても）診断基準を完全には満たしていない場合

※日本精神神経学会（日本語版用語監修）髙橋三郎・大野裕（監訳）(2014)『DSM-5精神疾患の診断・統計マニュアル』pp.269-272, 医学書院より

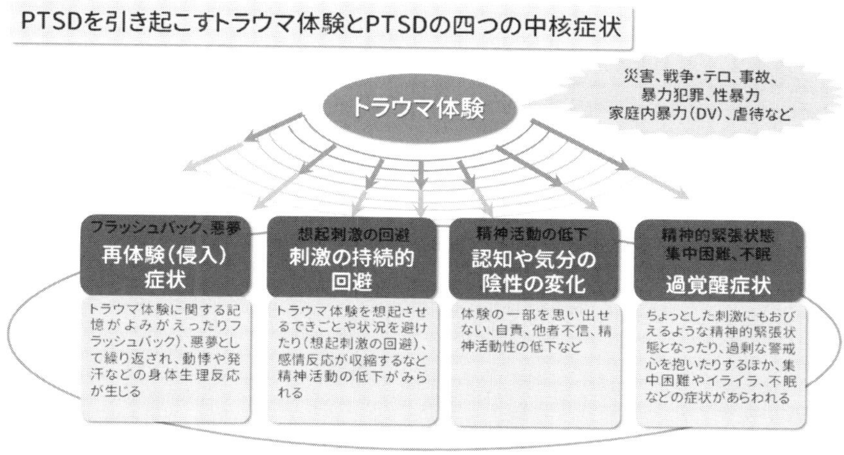

1:トラウマの歴史と変遷

PTSDを引き起こすトラウマ体験とPTSDの四つの中核症状

トラウマ体験
災害、戦争・テロ、事故、暴力犯罪、性暴力、家庭内暴力(DV)、虐待など

再体験(侵入)症状 ─ フラッシュバック、悪夢
トラウマ体験に関する記憶がよみがえったりフラッシュバック、悪夢として繰り返され、動悸や発汗などの身体生理反応が生じる

刺激の持続的回避 ─ 想起刺激の回避
トラウマ体験を想起させるできごとや状況を避けたり(想起刺激の回避)、感情反応が収縮するなど精神活動の低下がみられる

認知や気分の陰性の変化 ─ 精神活動の低下
体験の一部を思い出せない、自責、他者不信、精神活動性の低下など

過覚醒症状 ─ 精神的緊張状態、集中困難、不眠
ちょっとした刺激にもおびえるような精神的緊張状態となったり、過剰な警戒心を抱いたりするほか、集中困難やイライラ、不眠などの症状があらわれる

図Ⅱ-1-1 四つの中核症状
飛鳥井望(監修)(2014)『トラウマに苦しむストレス症候群　心的外傷後ストレス障害PTSDを診る』共和薬品工業を改変.

4) 日本におけるPTSDについて

　日本では、1995年の阪神淡路大震災や地下鉄サリン事件の発生による被災者や被害者の支援が注目され、精神健康の専門家だけでなく社会一般の人々にもPTSDが広く知られるようになった。その後も附属池田小事件、新潟県中越地震、東日本大震災など、事件や災害などの被害体験を経るごとに、被害者や被災者へのケアは広がりを見せてきた。

　米国の流れと同様に、DV被害や被虐待児、いじめの被害などもトラウマとして捉えられ、我々の暮らしの中に少しずつ定着してきた印象をもつ。DVと虐待の概念は、いずれも親密な関係や近親者からの暴力であり、被害者が助けを求めにくい点で非常に類似している。子どものPTSDの診断が明確になったことは大きな進歩だが、言語化が難しい子どもの診断には、より丁寧で慎重な手続きが求められる。

5) 診断ツール

　PTSDにおいては、以下のような実用的な診断ツールがある。

①**CAPS**（Clinician-Administered PTSD Scale：外傷後ストレス障害臨床診断面接尺度）

CAPSは、米国の研究グループによって開発された構造化診断面接法である。CAPSではPTSDの17の症状項目について、頻度と強度をそれぞれ5段階で評価する。CAPSは現在のところ最も精度の高いPTSD構造化面接法として、世界各国の臨床研究で使用されている。

②**IES-R**（Impact of Event Scale-Revised：改訂出来事インパクト尺度）

IES-Rは、米国のワイス（Weiss）ほかが開発した、PTSD症状を測定するための簡便なスクリーニングツールである。IES-Rは集団災害から個別被害まで、幅広い種類の心的外傷体験曝露者の症状測定が可能であり、横断調査、症状経過観察、スクリーニング目的などに、すでに広く使用されている。しかし、この評価尺度は診断を確定するものではなく、あくまでもPTSD症状のリスクを評価するものであり、得られる数値のみをもって治療開始の判断を行うべきではない。

臨床の現場では、被災者や被害者のケアや治療だけでなく、診断とトラウマイベントの因果関係を明確にして被害届や訴訟、損害賠償など経過に寄り添う事案に至ることもある。それには医師の正確な診断手続きが必要になるため、軽々にPTSDと名付けることは控えなければならない。

一方で、トラウマイベントを体験した人がすべてPTSDを発症するわけではない。なかには自然治癒して回復する場合も少なくない。身体症状やほかの症状が全面に出る場合は、異なる診断となるだろう。トラウマイベントの体験後の適応は、過去から抱えていた問題やその人の特性なども大きく影響することは言うまでもない。社会に広く知られた反面、正確さに欠けた用いられ方もしばしば体験するので、援助者は慎重に対応すべきである。

（藤森和美）

参考文献
飛鳥井望（2010）「心的外傷後ストレス障害（PTSD）」『臨床精神医学』39（増刊号），pp.285-291.

2　PTSDの有病率
－何がトラウマになるのか－

　本節では、トラウマの経験率と、心的外傷後ストレス障害（Posttraumatic Stress Disorder：PTSD）と複雑性悲嘆の有病（症）率について解説する。PTSDをめぐる疫学的な研究を概観し、世界および日本で見られるトラウマの経験率やPTSDの有病率について述べる。

　また、2013年にDSM-5が出版され、PTSDの診断基準にも変更が見られた。今後、疾病及び関連保健問題の国際統計分類（ICD）においても診断基準の改訂が予定されている。これらの診断基準の変更によって、トラウマの経験率やPTSDの有病率にどのような影響があるのかについても述べる。さらに、複雑性悲嘆の概念、および近年の診断的位置づけについても紹介する。

　なお、日常的には「PTSDの発生率」という言葉を使うが、疫学的には、発生率とは、トラウマを経験した人の中で、PTSDの診断がつく人の新規出現率を意味する。「PTSDの発生率」を知るためには、トラウマを経験した人を追跡して、PTSDが新たに発症したかどうかを確認するコホート研究が必要だが、実施は非常に困難であり、あまり報告されていない。一方、有病率とは、ある一定期間にPTSDの診断を持った人の存在割合を意味する。先行研究では、有病（症）率の報告がほとんどである。そこで、本節では、PTSDと複雑性悲嘆について、有病（症）率の知見について紹介する。

1）何がトラウマとなるのか

　DSM-IV-TRにおいて、トラウマは①命が脅かされるような出来事を本人が経験、目撃、あるいは直面し、かつ、②強い恐怖、無力感、または戦慄を伴うこと、と定義されていた。出来事の例としては、災害、暴力、性被害、重度の事故、戦闘、虐待などが挙げられる。

　DSM-5では、トラウマとは、命が脅かされるような出来事や、性的暴力を本人が体験、目撃、伝聞する、また業務上曝されること、と定義され、このような出来事を本人が体験するだけでなく、他人が巻き込まれるのを目撃することや、家

族や親しい者が巻き込まれたのを知ること、災害救援者として業務上体験することもトラウマとなりうると明記された。ただし、業務以外でマスコミ等の映像に反復的に、長期的に曝されることはトラウマとはならないとされ、事件や事故の場面をテレビ等で長時間、あるいは反復して見ることは、トラウマの要件を満たさないことになった。

トラウマの定義に関するもう一つの変更点は、これらの出来事に伴う恐怖や無力感といった主観的体験の有無が問われなくなったことである。これはトラウマという出来事を規定するのに心理的反応の要件が入ることの概念的混乱や、それらが診断的に有用な情報をもたらさないといった理由からである。

DSM-5への改訂によって、トラウマとなる出来事の基準が明確化された。これらの変更によるPTSDの診断への影響に注意する必要がある。

2)トラウマの経験率

トラウマの具体例としては、上記に挙げた災害、暴力、性被害、重度の事故、戦闘、虐待などが挙げられる。これらの経験率は、米国、オーストラリア等では比較的高く（Kessler et al., 1995; Creamer et al., 2001)、米国の地域住民におけるトラウマの生涯経験率は51～74%と報告されている（Norris, 1992; Resnick et al., 1993; Kessler et al., 1995; Flett et al., 2002)。

日本では、地域住民におけるトラウマの生涯経験率は約60%で、暴力被害、死亡や他害に関する経験や目撃、災害や事故等が比較的多いことが報告されている（Kawakami et al., 2014)。欧米で報告されているトラウマの種類とは異なり、これは、日本の治安の良さ、社会文化的状況（派兵していない、銃規制等）によるものと考えられる。

また、日本では、大切な人の不慮の死や周囲の不幸として、たとえば子どもの重病や、大切な人の心の傷になるような出来事を、トラウマとして報告する人が多かった。DSM-5が導入され、PTSDの定義が変更されたことにより、これらはトラウマの要件を満たさないことになるので、今後のトラウマの経験率の変化に注視する必要がある。

3）PTSDの有病率

　上記のようなトラウマを経験した人の一部が、心的外傷後ストレス障害（PTSD）を発症する。これまでにPTSDの有病率について、DSM-IVあるいはICD-10の診断基準に基づいた研究が多数報告されてきた。米国におけるPTSDの生涯有病率は7〜12%と報告されており（Breslau et al., 1991; Resnick et al., 1993; Kessler et al., 1995, 2005）、ほかにオーストラリア、ニュージーランドといった国でも同程度と報告されている。しかし、これ以外の地域、たとえばヨーロッパ、アジア、アフリカなどでは、生涯有病率ははるかに低く、1〜3%と報告されている（Alhasnawi, 2009; Heerman, 2009; ESEMeD/MHEDEA2000 investigators, 2004; Perkonigg, 2000; Levinson, 2007; Cho, 2007）。日本では、PTSDの生涯有病率は1.3%、12か月有病率は0.7%であった（Kawakami et al., 2014）。

　PTSDの有病率は、トラウマの種類によって異なる。米国では、レイプ、戦闘体験、幼児期のネグレクト、幼児期の身体的虐待、武器による脅しを経験した人で、PTSDの有病率が高かったことが報告されている（Kessler et al. 1995）。一般に、対人的な関係でのトラウマ（レイプや虐待など）では、非対人的なトラウマ（災害等）よりも、PTSDの有病率が高いといわれている。表II-2-1に、PTSD有病率をトラウマの種類別にまとめた。

　日本においてトラウマ別のPTSD有病率を検討した研究では、暴力被害、性的被害、自動車事故によるPTSDの有病率が比較的高かった（表II-2-2）。また日本では、その他のトラウマによるPTSDの有病率が高く、これは特に詳細な情報を求めない「個人的なこと」によるPTSDが多かったことが報告されている。トラウマをめぐるスティグマや、認識の仕方について、文化的な配慮が求められることが示唆される知見である。

　PTSDのリスク要因の研究も蓄積されている。多くの研究で、女性、若年者、社会経済状態が低いこと、学歴が低いこと、知的水準が低いこと、過去にトラウマを経験していること、子ども時代の逆境体験、虐待体験、他の精神疾患の既往歴や家族歴、などがリスク要因として報告されている。また、PTSDの保護的な要因として、ソーシャルサポートがあることが知られている。

　上述のように、トラウマを体験した人の一部が、心的外傷後ストレス障害（PTSD）となる。しかし、たとえば、中東地域やアフリカなどの日常的に紛争が続く地域

表II-2-1 米国におけるトラウマを経験した人のPTSD生涯有病率(%)

トラウマ	男性	女性
レイプ	65.0	45.9
戦闘体験	38.8	—
幼児期のネグレクト	23.9	19.7
幼児期の身体的虐待	22.3	48.5
性的いたずら	12.2	26.5
身体的暴行	1.8	21.3
武器による脅し	1.9	32.6

文献Kessler et al., 1995を引用改変

表II-2-2 日本におけるトラウマの経験率とPTSDの生涯有病率(%)

	トラウマ体験率		PTSD有病率	
トラウマ	%	標準誤差	%	標準誤差
戦争体験	9.5	1.4	0.4	0.4
自動車事故	17.9	4.9	2.8	1.6
他の事故(災害も含む)	26.1	4.7	1.9	1.1
命に関わるような病気	19.9	4.7	1.5	0.8
暴力被害	38.7	4.2	4.0	1.1
性的被害	15.6	5.1	6.5	3.1
目撃	40.7	3.9	1.5	0.7
その他(個人的なことも含む)	25.5	3.4	5.3	1.5

2010年の川上らの報告書を引用改変($n=1,682$, 重みづけ後の解析)

であってもPTSDの有病率が高くないという事実や、トラウマの種類によっては大部分は心理的に良好な転帰をたどることから、近年では、トラウマを経験したあとの心理的変化のプロセスに着目した研究が行われている。

なかでも、トラウマを経験しても最低限の心理的動揺で経過したり、時間の経過とともに通常の機能に適応していくプロセス、すなわちレジリエンスに注目が集まっている。災害後の人々の心理的反応の変化を追跡すると、多くの人がレジリエンスのパターンをたどることから、人はトラウマを体験しても、その状況に適応したり回復する力を持っていることを示唆している。図II-2-1に、トラウマを経験したあとの人々の心理的反応のパターンを示す。

災害後の研究では、トラウマを経験したあとの人びとの心理的反応として最も多いパターンは、レジスタンス＝つまり通常の範囲の反応か、レジリエンス＝初期に一過性の反応がありその後低減する反応であり、これらの反応が全体の約60〜80%を占めることが報告されている。ほかに、リカバリーと呼ばれる、一定期間の不調を経験してから時間の経過とともに軽減する反応があり、観察期間によっ

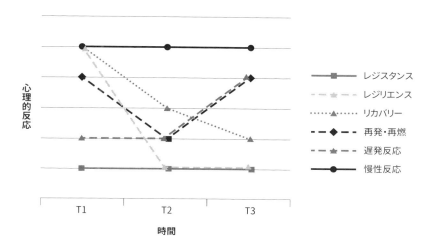

図II-2-1 トラウマを経験したあとの人々の心理的反応のパターン

て異なるが、このパターンは約10〜30%と報告されている。つまり、トラウマを経験しても、約70〜95%の人々では、心理的転帰は良好であることが報告されており（Norris, 2009; Pietrzak, 2013; Lowe, 2015; Fan, 2015; Self-Brown, 2014; Holgersen, 2011）、トラウマを経験しても良好な転帰をたどる人が多いことは忘れてはならない視点である。

診断基準の改訂に伴う有病率の変化

DSM-IVがDSM-5に改訂され、PTSDの診断基準が変更された。その詳細については成書に譲るが、変更点として、トラウマの定義の明確化、否定的な認知や気分の症状クラスターの追加、症状として危険行動の追加、解離症状の強調、解離症状を伴うタイプの特定、などが挙げられる。

これらの変更に基づいたPTSDの有病率がいくつかの研究で検討されており、DSM-5による診断のほうが、DSM-IVによる診断よりも有病率が若干低かったことが報告されている（Kilpatrick et al., 2013; O'Donnell et al., 2014）。今後、WHOによるICDにおいてもPTSDの診断基準の改訂が予定されており（Maercker et al., 2013）、有病率はこれらの影響を受ける可能性があるので、そのことを念頭において理解する必要がある。

また、これまでは、子どものPTSDの臨床報告はあったが、子どものPTSD

の診断基準が定まっていなかったことから、有病率研究はあまり報告されていない。DSM-5では子どものPTSDの診断基準が追加されたので（表II-1-1参照）、今後、子どもにおける疫学調査も発展することが期待される。

4）複雑性悲嘆とは

大切な人を失ったあとの悲嘆反応は、人として起こりうる通常の心理的反応である。しかし、悲嘆反応の強度、そして持続時間において、その文化で通常みられるよりも逸脱しており、このことによって生活面で支障を生じている状態は、複雑性悲嘆（Complicated Grief）と呼ばれる。この状態像は、抑うつや不安といった他の精神疾患とは異なり（Tsutsui et al., 2014）、自殺念慮や身体的症状のリスクを高めることが報告されている。また、このような複雑性悲嘆に特化した介入方法が開発され、有効性が実証されているものもある（Shear, 2015）。

これらの理由から、複雑性悲嘆に相当する状態像は、DSM-5では、「持続する複雑な死別関連障害」として位置付けられ、ICD-11では、「遷延性悲嘆障害」として提案されている。

表II-2-3　複雑性悲嘆の有症率

	出来事	故人との関係	n	評価尺度	死別からの期間	有症率（%）
死別の原因が不特定						
Fujisawa, 2010	特定せず	親以外	969	BGQ	10年以内	2.4
Kersting, 2011	特定せず	家族など	144	ICG-R	平均9.8年	6.7
Newson, 2011	特定せず	家族など	5,741	ICG-R	平均6.4年	4.8
Mizuno, 2012	特定せず	家族など	850		平均11.9年	2.5
災害による死別						
Neria, 2007	9.11テロ	家族など	704	ICG	2.5〜3.5年	43
Kristensen, 2009	津波	家族など	111	ICG	2年	14.3（被災なし）
						23.3（被災あり）
Johannesson, 2011	津波	家族など	345	ICG	14か月以降	26（被災なし）
			141			45（被災あり）
Shear, 2011	ハリケーン	愛する人	3,088	独自尺度	5か月以降	18.6
Li, 2015	地震	特定せず	803	ICG	12–13月	71.1
Kristensen, 2015	津波	家族	94	ICG	2年	14.9
			94	ICG	6年	11.7
Rajkuma, 2015	津波	特定せず	643	DSM-5	9月	14.3（被災あり）

複雑性悲嘆の有症率は、多くの場合、死別を経験した人々において検討されている。表II-2-3に、複雑性悲嘆の有症率を示す。

　遺族（多くの場合、病気による死別）における複雑性悲嘆は、約2〜7%と報告されている。また、近年では、災害後の複雑性悲嘆の検討が増えており、災害による遺族では、約11〜70%の幅で報告されている。

　死別からの期間や故人との関係など様々なため、一般的な有症率を推定することは困難であるが、死別の状況によっては少なからぬ割合で複雑性悲嘆が報告されている。複雑性悲嘆の関連要因としては、教育歴（低いこと）、子どもとの死別、女性などが報告されている。しかし、これまでのところ、研究の集積は十分でなく、今後の研究が待たれる。

　複雑性悲嘆の概念は古くから提唱されていたが、用語の定義、悲しみの質が問題なのか、期間が長引くことが問題なのか、といった問題の所在、測定尺度や診断基準において必ずしも合意が得られておらず、いまだ解決していない課題が多い。DSM-5、ICD-11において診断基準が提案されることで、今後研究が進み、これらの問題が解明されていくことが期待される。それに伴い、概念の洗練化、効果的な介入方法の開発が期待されるところである。

〔鈴木友理子〕

参考文献

川上憲人・土屋政雄・WMH-J 2002-2006共同研究者 (2010)「トラウマティックイベントと心的外傷後ストレス障害のリスク：閾値下PTSDの頻度とイベントとの関連」『平成21年度厚生労働科学研究費補助金（こころの健康科学研究事業）大規模災害や犯罪被害等による精神科疾患の実態把握と介入手法の開発に関する研究』pp.17-26.

American Psychiatric Association. (2013) *Diagnostic and Statistical Manual of Mental Disorders*, Fifth Edition. Virginia: American Psychiatric Association.

Kawakami N, Tsuchiya M, Umeda M, et al. (2014) Trauma and posttraumatic stress disorder in Japan: results from the World Mental Health Japan Survey. *Journal of Psychiatric Research*, 53, pp.157-165.

Kessler, R.C., Berglund, P., Demler, O., et al. (2005) Lifetime prevalence and age-of-onset distributions of DSM-IV disorders in the National Comorbidity Survey Replication. *Archives of General Psychiatry*, 62, pp.593–602.

Maercker, A., Brewin, C.R., Bryant, R.A., et al. (2013) Proposals for mental disorders specifically associated with stress in the International Classification of Diseases-11, *Lancet*, 381, pp.1683-1685.

Shear, M.K. (2015) Clinical practice. Complicated grief. *The New England Journal of Medicine*, 372, pp.153-160.

3　トラウマ症状とその周辺

　トラウマ体験に曝されると、人は非常に様々な症状を示す。しかし、クライエントが自らトラウマ体験を語ることがない、また記憶の奥にしまい込んでいて忘れていることは珍しいことではない。そのため、トラウマ体験が明らかになっていないときにクライエントが示す症状が、他の疾患の症状として扱われることも少なくない。本稿では、それらトラウマによって引き起こされる典型的な症状とその周辺症状、さらに児童虐待やドメスティックバイオレンス（以下「DV」）といった、繰り返されるトラウマへの反応についても記述する。

1) トラウマ症状

　トラウマ体験に曝されたことによって引き起こされる症状は、侵入症状、回避、過覚醒などのトラウマに特有の症状がある。このPTSDの診断に必要な主要四症状の一部だけ出てくる、部分的PTSDもしばしば見受けられる。さらに、認知や気分の変化、うつ、不安、解離症状など多彩である。以下、それぞれの症状について解説する。

1● 侵入症状
　トラウマとなる出来事が思い出したくないのに思い出されてしまったり、その出来事があたかも今起こっているかのように蘇ってくる。これは、出来事に関連するきっかけがあって起こる場合もあるが、なんのきっかけもなく突然起こることもある。このような記憶が勝手に侵入してきて出来事を再び体験するように蘇ってくるときは、当時の生々しい感覚を伴い、強い苦痛を引き起こす。時には「解離性フラッシュバック」といって、もう一度その出来事を体験し、そのように行動する場合もある。再体験は悪夢として現れることもある。子どもの場合は、遊びの中で出来事を繰り返し再演することがある。
　また、何かのきっかけで出来事のことを思い出すと、気持ちが強く動揺して苦痛を感じたり、めまい・息切れ・動悸などの身体の反応がある。

2●回避

　トラウマとなる出来事を思い出さないようにしたり、湧き上がってくる辛い感情を感じないようにしたり、出来事を思い出させる場所や人や状況などを避けようとしたりする。これらは、トラウマによる苦痛を避けるための対処法であるが、そのためにアルコールや薬物を過剰に使用したり、大量に買い物をしたりすることもある。痛みを感じることで辛い感情から気を紛らわせようとリストカットすることもある。回避が高じると、活動範囲が極端に制限されてしまい引きこもり状態になったりすることもある。

3●認知や気分の変化

　自分自身に対して否定的なイメージを持ったり（自分は何もできない）、自分を責めたり（こうなったのは自分が悪い）、恥ずかしいと思ったり、他人や周りの世界に対しても、「誰も信用できない」「世界は危険で溢れている」といった認知の変化が生じる。トラウマとなる出来事の重要な部分を思い出せなくなってしまうこともある（解離性健忘）。恐怖、怒り、苛立ちといった陰性の感情が長く続いたり、幸福や満足といった陽性の感情を体験することができなくなるという気分の変化も生じる。また、陽性の感情だけでなく、恐怖や怒りといった陰性の感情も感じなくなる場合もある。今まで楽しめていたことに興味を失ったり、参加しなくなることもある。ほかの人との間に距離を感じて親しみを持てなくなったり、孤立していると感じたりもする。このような認知や気分の変化によっても、引きこもり状態になってしまうことがある。

4●過覚醒

　常に周りを警戒し緊張した状態が続き、少しの刺激に対してひどく驚いたり、びくびくしたり、仕事や勉強など物事に集中することができなくなる。リラックスすることが困難になり、眠れない、寝付けない、途中で目を覚ますといった「睡眠障害」の症状も現れる。また、人や物に対して攻撃的になったり、危険な行為や自傷行為を行うこともある。

　これまでが主要四症状で、以下が周辺症状と考える。

5 ● うつ・不安

すでに述べた陰性の感情の持続や、陽性感情を感じられないといった気分の変化に加えて、気分の落ち込みや絶望感、悲しみ、無力感、焦り、「自分は生きている価値がない」と感じるといった、その他の抑うつの症状も生じる。「消えてしまいたい」、「死んでしまいたい」と思って自殺を試したり、自傷行為が見られることもある。また、激しい不安に陥ってパニックになったり、呼吸困難、ふるえ、しびれ、頻脈、発汗、紅潮、不眠といった不安に伴う身体症状が現れることもある。

6 ● 解離症状

すでに述べた「解離性フラッシュバック」や「解離性健忘」のような解離症状のほか、周りの世界が現実で起こっていることとは思えずぼんやりとして夢のような感じがする「現実感消失」や、自分自身から抜け出して他人の視点から自分を見ているように感じる「離人感」、感情が麻痺して痛みなどの身体の感覚や喜怒哀楽の感情を感じない「感情麻痺」といった解離症状が見られることがある。極端な場合には、自分とは別の人格を作り出して、辛いことはその人格が体験するという「解離性同一性障害」の兆候が見られることもある。これらの解離症状は、自分が体感するには辛すぎる感覚、感情、記憶を体感しないようにすることで自分を守る対処方法であり、トラウマ体験を生き延びるために必要なものではある。しかし長く続くと、トラウマ体験に向き合うことを阻害し、その他の症状の回復の妨げとなってしまう。

7 ● 子どもに見られるその他の症状

子どもがトラウマに曝された場合、すでに述べた症状のほかに、養育者に纏わり付いて離れない「分離不安」や、暗闇を怖がったり一人でトイレに行けなくなるなどの「恐怖反応」、激しい泣きやかんしゃくなどの「感情調節の困難」、人や物にあたるなど、今までに見られないような「攻撃的な言動」が見られる[1]。

これらの症状のほとんどはトラウマ体験に曝された場合に呈するノーマルなストレス反応であり、数時間から数日のうちに消失することが多い。しかし一定の症状が3日以上持続し、社会的機能（仕事・学業）や日常生活に支障をきたした場合は急性ストレス障害（ASD）、1か月以上持続し、社会的機能や日常生活に支障

をきたした場合は心的外傷後ストレス障害（PTSD）という精神疾患として診断される[2]（表Ⅱ-1-1参照）。

2) 繰り返されるトラウマへの反応

　児童虐待やDVなどの、逃れることが困難あるいは不可能なトラウマに繰り返し曝されると、これらの状況を生き延びるために解離症状が顕著に現れたり[3]、感情調節の困難さ、対人関係能力の問題といった問題が見られる[4]。すなわち、感情の調節が弱くなり、少しの刺激で感情的に激しく反応してしまい、攻撃的になり対人関係でトラブルを引き起こす。また、安全でない性行為、危険運転などの無謀な行為や自殺企図などの自己破壊的な行為に走ってしまう場合もある[3]。
　逆に、感情の調節が強くなりすぎて感情をまったく感じられなくなり、様々な解離症状に発展したり、他者に対して親密さを感じることが困難になり、他者と関係することや社会全般と関係を持つことを避けたり興味を持たなくなり[3]、引きこもったり孤立したりする。また否定的な自己概念も強くなり、「自分自身が喪失した」、「自分は人生に敗北した」、「自分は無価値だ」といった信念ともいえる感情を持つようになる[4]。
　思春期の子ども、とくに性的虐待の被害にあった子どもには、過食嘔吐などの摂食障害、物質乱用、不適切な性行動、家出などが見られることもある[5]。

3) トラウマ体験に気づくこと

　このようなトラウマ症状の多くは、表面に現れる現象だけを見ていると、間違いなくトラウマ体験による反応であるのか、本人や周りにも分かりにくいことが多い。回避症状のために家に引きこもってしまったり、不登校になってしまっている場合や、過覚醒症状のために睡眠障害を呈していたり、自傷行為を繰り返したりしている場合でも、本人がトラウマ体験との関連性を自覚していない場合や、自覚していてもあえてトラウマ体験について語らない場合には、治療者や支援者も、これらの症状がトラウマ反応であると気付けないことが多い。
　また、幼少期から虐待等のトラウマ体験に曝されている子どもで、落ち着きがなく、他者に攻撃的で、社会的に不適応な問題行動を呈している場合、周囲がトラウマ体験に気づくことがなければ、扱いにくい子ども、あるいは多動性障害の

ある子どもとして対処されてしまうことも多い。このような場合には、症状に対する対処療法に終始してしまい、トラウマ反応に対する介入という視点が欠けてしまう結果となる。したがって、上述したような症状を呈する場合は、トラウマ体験の可能性を常に念頭において対応することが必要であろう。　　（土岐祥子）

参考文献
1. Yule, W. and Smith, P. (2008) Post-Traumatic Stress Disorder. In Rutter, M., Bishop, D., Pine, D., Scott, S., Stevenson, J. S., Taylor, E. A. and Thapar, A. (eds) *Rutter's Child and Adolescent Psychiatry*, Fifth edition, pp.686-697. Oxford: Blackwell Publishing.（長尾圭三・氏家武・小野善郎ほか（監訳）(2015)『新版 児童青年精神医学』明石書店）.
2. American Psychiatric Association (2013) *Diagnostic and Statistical Manual of Mental Disorders*, Fifth Edition. Virginia: American Psychiatric Association.（髙橋三郎・大野裕（監訳）(2014)『DSM-5 精神疾患の診断・統計マニュアル』医学書院）.
3. 小西聖子（2012)『新版トラウマの心理学——心の傷と向きあう方法』NHK出版.
4. Maercker, A., Brewin, C.R., Bryant, R.A., et al. (2013) Diagnosis and classification of disorders specifically associated with stress: proposals for ICD-11. *World Psychiatry*, 12(3), pp.198-206.
5. Glaser, D. (2008), Child Sexual Abuse. In Rutter, M., Bishop, D., Pine, D., Scott, S., Stevenson, J. S., Taylor, E. A. and Thapar, A. (eds) *Rutter's Child and Adolescent Psychiatry*, Fifth edition, pp.440-458. Oxford: Blackwell Publishing.（長尾圭三・氏家武・小野善郎ほか（監訳）(2015)『新版 児童青年精神医学』明石書店）.

4　トラウマの治療(1)
　　－薬物療法－

緒言

　先行する成人を対象とした心的外傷後ストレス障害（Posttraumatic Stress Disorder: PTSD）の薬物療法に関する各種ガイドラインは数多くあり[1~7]、作成時期やガイドライン発行元の背景や作成方法によって見解が異なる部分もあるが、選択的セロトニン再取り込み阻害薬（Selective Serotonin Reuptake Inhibitors: SSRI）が第一選択薬であることはほぼ一致している。

　一方、子どもを対象としたPTSDの薬物療法は、現時点で適切にデザインされた研究による効果の実証に至っておらず、成人患者の診療と比較して、より治療者の経験と慎重さによって薬物療法の適応の可否、選択薬剤の種類、投与量などが検討されていると思われる。

　心理臨床家を対象とする本書の趣旨に則り、子どものPTSDに対する薬物療法について、どういった背景や考え方によって薬物療法を選択することがあるのかを、できるかぎりわかりやすく臨床に即して述べることにする。

1) 薬物療法の位置づけ

　PTSD治療の最近の総説では、エビデンスのある心理療法が優先されており、薬物療法が常套的に優先されることは推奨されない[5,6,8]という見解が多い。一方、すべてのチームや患者に関して支持されるわけではないが、薬物療法は一部の研究や対象者への有効性については支持を得ており、PTSDは伝統的に心理療法で治療されるが、薬物管理には経験的基盤と理論的基盤があるという見解もある[9]。

　こういった文脈から、国際的には子どもに薬物療法が優先されることはほとんどないと思われるが、非薬物療法のみでは不十分なケースもあり、現にそのターゲット診断and/or症状によっては薬物療法が精神療法などと併用されることで有効なケースも認められる。また、我が国では漢方薬も選択できることから、特定の漢方薬が子どものPTSDの薬物療法の第一選択とされることがある[10,11]。

2）薬物療法に期待されるもの

　PTSDの病態については、おもにストレス反応系の異常と理解されている。すなわち、ノルアドレナリン系、セロトニン系、グルタミン酸系、コルチコトロピン放出因子および視床下部－下垂体－副腎皮質系の異常である。PTSDの治療全般の目標は、①急性期からの発症予防、②中核症状の緩和・軽減、③各機能・QOLの改善、④回復力の強化、⑤併発症状の改善、⑥再発予防、⑦リハビリテーションにあるとされている[12]。

　PTSDの薬物療法の目指すところは、①中核症状の緩和・軽減、②薬物乱用、暴力、自殺のリスクの軽減、③回復力の改善、④生活の質の改善、⑤併存疾患の緩和・軽減、⑥被災後の障害の緩和・軽減にある[13]。PTSD症状そのものが重症であったり、大うつ病、パニック障害などの併存症が重症な場合など、薬物療法を併用することによって、トラウマに焦点を合わせた精神療法を行いやすくなるという利点があげられる[14]。

3）薬物療法開始時・変更時に評価、検討すべきこと

1●特定の治療の効果判定を得るために、臨床経過や重症度の客観的評価と診断および鑑別診断を行う：子どものPTSD症状のスクリーニングや評価のための、信用できて価値のある様々な評価ツールが開発されている。我が国で利用できるものとして、自記式質問紙では、UCLA PTSD Reaction Index for DSM-Ⅳ[15]、Impact of Event Scale-Revised（IES-R）[16]、Trauma Symptom Checklist for Children（TSCC）[17]、Child Behavior Checklist（CBCL）[18]、構造化/半構造化面接では、Clinician Administered PTSD Scale for Children and Adolescents（CAPS-CA）[19]などがある。

2●薬物療法の適応の可否判断をする：PTSDが診断され、その症状のなかで過覚醒（頻脈、焦燥）あるいはフラッシュバック、そして併存症状で不眠や抑うつ状態などが認められる場合[10]、患者本人と保護者へのインフォームドコンセント（IC）の上、薬物療法の導入を考える。

3●患者や保護者へのインフォームドコンセント（IC）を行う：子どもの

PTSD患者の場合、子どもは被害者であることが多く、対人関係に傷つき対人不信に陥っていることが多い。その保護者も困惑し子どもを受容できていないこともある。「処方箋を渡す」際に、患者や保護者が抱きうる以下の感情について配慮し、薬物療法に関するICを得ることは、これからの治療関係を構築する上でも重要である。

・服薬への不安：たとえば、「処方された薬物に依存することへの不安」、「飲み始めたら一生飲み続けねば（飲ませ続けねば）ならないのではないかという不安」。
・烙印（スティグマ）への不安：「薬を飲むのはもともとの弱さの証ではないか」、「自分（あるいは子どもをケアする親）に何かが欠けているせいでこのような症状にかかり、薬を服用せねばならないのではないか」。
・警戒心・猜疑心：対人不信から、医師の処方箋に対してさえ警戒心・猜疑心を抱かずにいられない。逆に、過剰な理想化によって、薬物が過大評価され、後の脱価値化につながることもありうる。
・他の家族や教師など周囲からの反対：家族や幼稚園・学校の先生など、周囲からの意見は、しばしば大きな影響力を持つ[20]。

4）PTSDに用いられる薬剤

近年、PTSDの病態生理の新たな知見が得られる一方で、SSRIに次ぐ新たな効果的な治療薬を見出すには至っていない[14]。子どものPTSDに対する薬物療法は臨床的な経験を蓄積しているレベルで、既存の他の疾患への適応が認められている治療薬でさえ、科学的な効果判定に至っていない。

筆者らが日常臨床で用いる薬物療法について、過去の文献[10,20,21]も参照しながら、そのターゲット症状を軸に以下にまとめる。

なお、執筆時においてPTSDの治療薬は成人を対象としたものも含め、SSRI以外は我が国では承認されていない。

1●全般症状に対して
a. SSRI：塩酸セルトラリン、パロキセチン
　SNRI：ミルナシプラミン塩酸塩

　新規抗うつ薬に分類されるこれらの薬剤のうち、塩酸セルトラリンやパロキセチンはPTSDの適応を取得している。特に不眠、不安焦燥の軽減が期待される。

SSRIはうつ病やパニック障害などに対する治療薬として承認を受けてきているが、海外で実施した18歳未満の大うつ病性障害患者を対象としたプラセボ試験において、有効性が確認できなかったという報告、また自殺に関するリスクが増加するとの報告もあるので、子どもの大うつ病性障害治療にあたっては、心理社会的状況や併存障害を含めたリスク評価、症状経過の丁寧な評価、双極性障害の可能性の検討などの上で診断し、環境調整や心理的指示、綿密な観察の上で薬物療法の要否を見極めることが必要という見解が示されている[22]。
　PTSDに対するSNRIを用いた治療においても、同様の慎重さが求められる。

b. 漢方薬：桂枝加芍薬湯＋四物湯、その他
　神田橋処方[23]として知られているが、最近ではPTSDの第一選択薬としている医師も多い。また自閉症スペクトラム障害（ASD）のタイムスリップ現象にも有効とされ、ASDの二次障害としてのPTSD治療には第一選択とする意見もある[10,11]。症例によっては、桂枝加竜骨牡蛎湯や、十全大補湯が用いられることもある。神田橋処方はその科学的根拠が乏しく、PTSD薬物療法における漢方薬の有効性に関するエビデンスの高い研究結果の報告が待たれる。

2●頻脈を伴う過覚醒に対して
a.アドレナリン作動薬：クロニジン、グァンファシン
　PTSDの過覚醒症状がノルアドレナリン系の過剰活動によると推察されていることから期待されている薬剤である。α_2アドレナリン作動薬であるクロニジンは時として使用される一方で、潜在的に有害な心臓血管の副作用（低血圧、不整脈）があり、病院という環境以外では使用が不適切とされている[24]。グァンファシンは子どもの悪夢の頻度と強度を軽減させるとされる[25]。

　さらに、1、2に示した薬剤で十分効果が得られない場合に、補助的薬剤として用いる可能性のあるものを以下に示す。

3●全般症状に対して
a.三環系抗うつ剤：クロミプラミン
　PTSDには有効であるとされ、特に不眠や焦燥の軽減が期待される。忍容性が低く、まれに衝動性が亢進または操転することがあり、使用には十分な検討を要

する[12,14]。

4◉不眠、悪夢に対して
a. メラトニン受容体アゴニスト：ラメルテオン
b. 抗精神病薬（低力価群）：クエチアピン、レボメプロマジン
c. 四環系抗うつ剤：ミアンセリン

　いずれかを追加することで、不眠の軽減が期待できる。副作用として日中の眠気があり、量や内服時間で調整する。

5◉易興奮、衝動性に対して
a.抗精神病薬（高力価群）：リスペリドン、アリピプラゾール

　自傷行為や攻撃性といった易興奮や衝動性が見られた場合に、補助的薬剤として追加する。

　なお、アリピプラゾールは、米国ですでにASDに伴う興奮性の小児患者に対する効果効能で承認を得ている。我が国でも日本小児心身医療学会、日本小児精神神経学会、日本小児神経学会の3学会より、ASDに伴う興奮性に対する開発要望が出され、臨床試験を経てASDに伴う興奮性の小児患者に対する効果効能の承認を待っている段階である。

6◉ベンゾジアゼピン系薬剤

　ベンゾジアゼピン系薬剤についても、実証的結果は十分得られていないが、PTSDの四中核症状には効果のないことが強調されている。現時点では、睡眠障害に対する時限的使用や全般性不安に対する即効性を期待して補助的治療薬としての使用になろう[20]。

　その際アルコールや薬物の使用歴がある児童には慎重かつ注意深い使用が求められ、連用による依存形成に注意を要する[26]。

5）予防的薬物療法

　外傷体験以前からの薬物療法（一次予防）や、外傷体験直後の急性期からの薬物療法（二次予防）への期待は非常に大きい[20]。
　一次予防については、PTSDの神経生物学的仮説に基づいて得られたいくつか

の生物学的指標を用いて、糖質コルチコイド作動／拮抗薬、CRF1拮抗薬、コレシストキニン・パンクレオザイミン2（CCK2）拮抗薬などの薬剤が試されているが、なお動物実験レベルである。二次予防については、上記薬剤に加えて、アドレナリン作動／拮抗薬、N-メチル-D-アスパラギン酸（NMDR）受容体作動薬、γアミノ酪酸（GABA）作動薬、オピオイドなどが試されているが、これも確証は得られていない[27]。急性ストレス障害に対して、SSRIであるエスシタロプラムのRCTの結果では、有意な効果は得られなかった[28]。

おわりに

　子どものPTSDの薬物療法について、心理療法が開始される、すなわち病院などの医療機関に子どもが定期的にアクセスできる環境・状況を想定して、エビデンスに基づく知見も示しながら、臨床に即して述べてきた。子どものPTSDに対する薬物療法は、個々の症例とその治療者の経験や慎重さによって決定されるもので、難しく映るかもしれない。しかし多面的な評価・アプローチが求められる子どものPTSDの治療において、心理療法家も薬物療法の知識や関心をもつことが望ましいと考えられる。

（廣常秀人・疇地道代）

参考文献

1　Foa, E. B., Davidson, J. R. T., Frances, A. (1999) The expert consensus guideline series: Treatment of Posttraumatic Stress Disorder. *The Journal of Clinical Psychiatry*, 60 (Suppl 16). Memphis: Physicians Postgraduate Press.（大野裕・金吉晴（監訳）(2005)『PTSD』（エキスパートコンセンサスガイドラインシリーズ）アルタ出版）.
2　Foa. E. B., Keane, T. M., Friedman, M. J. (2000) *Effective Treatments for PTSD : Practice Guidelines from the International Society for Traumatic Stress Students.* New York: The Guilford Press.（飛鳥井望・西園文・石井朝子（訳）(2005)『PTSD治療ガイドライン──エビデンスに基づいた治療戦略』金剛出版）.
3　http://www.healthquality.va.gov/Post_Traumatic_Stress_Disorder_PTSD.asp
4　http://www.psychiaryonline.com/pracGuide/pracGuideChapToc_11.aspx
5　National Institute for Clinical Exellence (2005) *Post-Traumatic Stress Disorder (PTSD): The Management of PTSD in Adults and Children in Primary and Secondary Care.* Leicester: Gaskell. (http://www.nice.org.uk/guidance/CG26)
6　Forbes, D., Creamer, M., Phelps, A. et al.(2007) Australian Guidelines for the Treatment of Adults with Acute Stress Disorder and Posttraumatic Stress Disorder. *Australian and New Zealand Journal of Psychiatry,* 41(8), pp.637-648.
7　The International Psychopharmacology Algorithm Project (IPAP) (2005) *Post-traumatic Stress Disorder (PTSD) Algorithm.* (金吉晴・原恵利子（訳）(2007)『PTSD　薬物療法アルゴリズム』メディカルフロントインターナショナルリミテッド).〈http://www.ncnp.go.jp/nimh/seijin/flowchart .pdf〉.
8　日本トラウマティック・ストレス学会 (2005)『PTSDの治療薬処方の手引き』.〈http://www.jstss.org/topics/03/224.php〉.

9 Stein, D. J., Ipser, J. C. and Seedat, S. (2006) Pharmacotherapy for post traumatic stress disorder (PTSD). *Cochrane Database of Systematic Reviews*, 25 (1). Art. No.: CD002795. DOI: 10.1002/14651858.CD002795. pub2.
10 山村淳一 (2014)「子どものトラウマ(PTSD)に対する薬物療法について」友田明美・杉山登志郎・谷池雅子 (編)『子どものPTSD――診断と治療』pp.254-261, 診断と治療社.
11 杉山登志郎 (2015)『発達障害の薬物療法――ASD・ADHD・複雑性PTSDへの少量処方』岩崎学術出版社.
12 Friedman M. J., et al. (2000) Pharmacotherapy. In Keane, T. M., Friedman, M. J., Foa, E. B. (eds) *Effective treatments for PTSD: Practice Guidelines from the International Society for Traumatic Stress Studies.* pp.84-105, New York: Guilford Press, pp.326-329.
13 Stoddard, F. J., Dowling, F. G. (2011) *Disaster Psychiatry: Readness, Evaluation and Treatment.* APA Publishing. (富田博秋・高橋祥友・丹羽真一 (監訳) (2015)『災害精神医学』星和書店).
14 Friedman, M. J. and Davidson, J. R. T. (2007) Pharmacotherapy for PTSD. In Friedman, M. J., Keane, T. M., Resick, P. A. (eds) *Handbook of PTSD:Science and Practice.* New York: The Guilford Press.
15 Pynoos, R., Rodriguez, N., Steinberg, A., et al. (1998) *UCLA PTSD Index for DSM-IV.* (明石加代・藤井千太・加藤寛 (訳) (2008)『DSM-IV版UCLA心的外傷後ストレス障害インデックス』兵庫県こころのケアセンター).
16 Weiss, D. S. and Marmar, C. R. (1997) The Impact of Event Scale-Revised. In Wilson, J. P., Kean, T. M. (eds) *Assessing Psychological Trauma and PTSD.* New York: The Guilford Press, pp.399-411. (飛鳥井望 (2010)「心的外傷後ストレス障害 (PTSD)」『臨床精神医学』39 (増刊号), pp.285-291).
17 Briere, J. (1996) *Trauma Symptom Checklist for Children: Professional manual.* Florida: Psychological Assessment Resources.
18 Achenbach, T. M. (1991) Integrative guide for the CBCLI/4-18, YSR, and TRF profiles. Burlington, VT University of Vermont. (井澗知美・上林靖子・中田洋二郎ほか (訳) (2001)「The Child Behavior Checklist/4-18 日本語版の開発」『小児の精神と神経』41(4), pp.243-252).
19 Nader, et al. (1996) Clinician Administered PTSD Scale for Children and Adolescents (CAPS-CA). National Center for PTSD. (大澤智子・田中究 (訳)『CAPS-CA できごとチェックリスト』神戸大学医学部付属病院精神神経科, 兵庫).
20 廣常秀人 (2011)「薬物療法」飛鳥井望 (編)『最新医学別冊 新しい診断と治療のABC』70, pp.98-105.
21 Stoddard, F. J., Pandya, A. A. and Katz, C. L. (2011) *Disaster Psychiatry: Readness, Evaluation and Treatment.* APA Publishing. (富田博秋・高橋祥友・丹羽真一 (監訳) (2015)『災害精神医学』星和書店).
22 神庭重信・齋藤万比古 (2013)『大うつ病性障害の小児に対する新規抗うつ薬の投与にかかる添付文書改訂に対する見解:日本うつ病学会・日本児童青年精神医学会共同声明』.
23 神田橋條治 (2007)「PTSDの治療」『臨床精神医学』36 (4), pp.417-433.
24 Donnelly, C. L. (2003) Pharmacological treatment approaches for children and adolescents with posttraumatic stress disorder. *Child and Adolescent Psychiatric Clinics of North America*, 12 (2), pp.251-269.
25 Steckler, T., Risbrough, V. (2012) Pharmacological treatment of PTSD: Established and new approaches. *Neuropharmacology*, 62 (2), pp.617-627.
26 廣常秀人・小川朝生・補永栄子・小笠原將之・武田雅俊 (2003)「PTSDの薬物療法紹介――国際トラウマティック・ストレス学会 (ISTSS) による治療ガイドラインを中心に」『トラウマティック・ストレス』1 (1), pp.29-38.
27 Steckler T, Risbrough, V. (2012) Phaemacological treatment of PTSD: Established and new approaches. *Neuropharmacology*, 62 (2).
28 Shalev, A. Y. (2009) Posttraumatic stress disorder and stress-related disorders. *Psychiatric Clinics of North America,* 32 (3), pp.687-704.

5 トラウマの治療（2）
－認知行動療法－

　トラウマとなるような出来事は、体験した人の安全感を著しく損ない、コントロール感を奪ってしまう。それだけに、トラウマへの治療の基本は、安全・安心感の再構築とコントロール力の回復であることは言うまでもない。本稿では、そのために必要となる心理教育やリラクセーションの基本を説明し、国際的にも有効性が検証されているいくつかの認知行動療法の概略を紹介する。

1）心理教育

　トラウマ、すなわちこころの傷は、身体外傷のように目で見ることはできない。そのため、本人でさえも自分がどのような状態にあるのかを理解していない場合が多い。また、トラウマによって生じる様々な反応や症状は、一般にはあまり知られていないために、自分には何の落ち度もないにもかかわらず、「自分のせいでこのようなひどいことが起きた」などと自責感を感じていたり、「こんなことでくじけてしまって、自分は人より劣っている」などと恥の感情を抱いていたりする場合が少なくない。これらはすべてトラウマによる反応なのであるが、そのことを知らないと、自ら相談したり、助けを求めたりすることが困難になる。

　心理教育とは、トラウマについての正しい知識と情報を伝え、トラウマによって生じる様々な反応や問題に対処できるように支援するためのものである。そのためにはまず、その人が体験したことがなんと呼ばれているトラウマ体験なのかということや、残念ながら多くの人が同じような被害に遭遇していることを伝える。さらに、自責感や無力感、恥の感情なども含め、いろいろな反応が起こりうること、そして、どのような反応が起きたとしてもそれはトラウマによって生じる当然で自然な反応であることを伝えること（ノーマライゼーション）が大切である。このような作業を繰り返すことによって、トラウマを有している人の孤立感や自責感は和らぎ、安心・安全感が高まる。そして、その人の回復への意欲を引き出すことにつながるのである。

　心理教育は、通常、トラウマを有している人を対象に、安心できる雰囲気の中

で相互の会話形式で実施するように推奨されているが、一般向けの健康教育として実施してもよい。また、専門家でないと実施できないというものではなく、身近な人が日常生活の中で繰り返し伝えることができれば、トラウマを体験した人を一層勇気づけるものとなるだろう。心理教育に不慣れな人は、すでに提供されている冊子（兵庫県こころのケアセンター、http://www.j-hits.org/child/index.html）や絵本[1,2]を利用することができる。

2）リラクセーション

　心理教育が十分なされたら、次に、トラウマによる反応や症状が強いときに、自分でそれを少し和らげる方法を習得することが、本人の安心感や自己コントロール感を回復するために有効である。もちろん、すべての症状をコントロールすることは困難な場合もあるが、トラウマによる反応や症状には、「本人の意思に反して生じ、なすすべがない」という制御困難感を伴うものが多いだけに、「自分でも対処できる」「この方法で少し楽になる」というように、「コントロールできる感」を高めることが重要である。

　呼吸法や漸進的筋弛緩法など、一般のストレスマネジメントにおいて推奨されるリラクセーション法であれば、なんでも利用してよい。また、トラウマを有している人が現在実践している方法、たとえば、音楽を聴く・歌う・気持ちを書き出す・走る・好きなことをする・ゆっくり入浴する・他の作業に集中する・誰かとおしゃべり、などの行動を強化することでもよい。要するに、本人がその方法が症状緩和に役立っていることを実感し、さらに、その方法をうまく実践できている、という達成感を持つことが大切なのである。

3）トラウマ焦点化認知行動療法

　心理教育とリラクセーションが、トラウマへの応急処置的な対応法であるとすれば、ここで紹介するいくつかのトラウマ焦点化認知行動療法は、定められた訓練を受けた専門家が実施する高度な専門治療である。こころの傷が大きくて深い場合には、こころの自己免疫力を高めるような対応法のみでは傷が回復しないので、身体外傷の外科的治療に相当するような治療が求められるのである。

　これらの治療法は、いずれも海外のPTSD（心的外傷後ストレス障害：Posttraumatic

Stress Disorder) の治療ガイドライン[3]において推奨されている治療法であり、これまでにその効果が十分検証されているものである。それぞれ、構造化された時間限定の治療法として実施される。

また、治療要素の中には、先述の心理教育やリラクセーションの要素も含まれている。

a：PE療法（長時間曝露療法、持続エクスポージャー療法、Prolonged Exposure Therapy）

ペンシルベニア大学不安治療研究センターのエドナ・フォア（Edna Foa）教授により開発された治療法で、成人のPTSDへの有効性がわが国においても実証されているプログラムである[4]。

極度に恐怖を惹起するような体験をすると、当然のことながら恐怖に起因する反応が生じる。しかし、通常は、時間がたつとともにその恐怖は消去されて、安心感が回復する。一方、PTSDの状態では、いつまでたってもトラウマ体験時の恐怖が消去されず、恐怖に起因する様々な症状が続いてしまうのである。

PE療法はこのような恐怖構造を修正するためのプログラムである。1回90分、週1～2回、合計10～15セッションで構成される。安全な治療環境において、トラウマ体験の場面を繰り返し想起させ、そのときの感情や感覚を表出することによって馴化を目指す「イメージ曝露」と、恐怖のために回避の対象になっている事物や状況に段階的に近づくことを促す「実生活内曝露」の二つの要素からなる。

わが国でPE療法を実施するためには、認定トレーナーによるワークショップを修了し、認定スーパーバイザーによるセッションごとのスーパービジョンを少なくとも2ケース（成功例）受ける必要がある。

b：EMDR（眼球運動による脱感作と再処理法、Eye Movement Desensitization and Reprocessing）

臨床心理学者フランシーン・シャピロ（Francine Shapiro）により開発された治療法で、成人のPTSDへの有効性が海外において実証されているプログラムである。適応的情報処理モデルに基づいたプログラムであるとされているが、治療メカニズムはよくわかっていない部分がある。

脱感作のステップでは、トラウマ記憶を想起すると同時に、左右に動かす治療者の指を見ながら眼球を動かし、終了後に深呼吸によるリラクセーションを行う作

業を繰り返す。認知の修正のステップでは、トラウマ記憶の想起と眼球運動を行い、トラウマ記憶に対する肯定的なイメージを思い浮かべる作業を繰り返す。これらの作業により、トラウマ記憶に対する不快なイメージを軽減し、認知のゆがみを修正する。

わが国では日本EMDR学会（https://www.emdr.jp/）という協力学術研究団体が設立されており、2006年から毎年大会が開催され、EMDRのトレーニングが提供されている[5]。

C：TF-CBT（トラウマフォーカスト認知行動療法、Trauma-Focused Cognitive Behavioral Therapy）

ローワン大学子ども虐待研究教育サービスセンターのデブリンジャー（Deblinger）教授と、アレゲニー総合病院精神科児童青年期トラウマティック・ストレスセンターのコーエン（Cohen）教授・マナリノ（Mannarino）教授によって開発された治療法である[6]。子どものトラウマ関連障害への治療法として、海外でその効果が実証されている。

PE療法を子ども向けに修正するとともに、様々な治療技法を取り入れて構成される複合的なプログラムである。トラウマ記憶を曝露する前に、いくつかの教育的な治療要素に取り組むことで、PE療法よりもさらに段階的にトラウマ記憶に向き合えるように工夫されている。また、子どもが楽しみながらプログラムに取り組み、トラウマ記憶によって生じる様々な感情や非機能的な認知を修正していけるように、ゲームや遊びの要素もふんだんに取り入れられている。

対象は3歳から18歳の、トラウマを体験しトラウマ関連症状に苦しむ子どもと主たる養育者（子ども虐待ケースでは非虐待親）である。毎週1回、8～16セッションの構造化された枠組みで実施される。治療の中盤までは、子どもと養育者は別々のセッションで取り組むが、終盤には親子合同セッションが行われる。

プログラムを実践するためには、決められた研修を受け、治療中に認定トレーナーのコンサルテーションを受ける必要がある。わが国では、2011年から臨床研究が開始され有効性検証が開始されている段階である[7]。

（亀岡智美）

参考文献
1　Jessie (1991) *Please Tell! : A Child's Story About Sexual Abuse (Early Steps).* Hazelden Publishing.（飛鳥井望・亀岡智美（監訳）一杉由美（訳）(2015)『ねえ、話してみて！(子どものトラウマ治療のための絵本シリーズ)』誠信書房).

2 Holmes, M. M. (2000) *A Terrible Thing Happened*. Magination Press. (飛鳥井望・亀岡智美 (監訳) 一杉由美 (訳) (2015)『こわい目にあったアライグマくん (子どものトラウマ治療のための絵本シリーズ)』誠信書房).
3 Foa E. B., Keane, T. M., Friedman, M. J., et al. (2010) *Effective Treatments for PTSD 2nd Edition: Practice Guidelines from the International Society for Traumatic Stress Studies*. New York: Guilford Press. (飛鳥井望 (監訳) (2013)『PTSD治療ガイドライン第2版』金剛出版).
4 飛鳥井望 (2015)「PTSDのためのPE療法」『精神神経学雑誌』117 (6), pp.457-464.
5 市井雅哉 (2012)「EMDR──PTSDに効果的な心理療法」『心身医学』52 (9), pp.819-827.
6 Cohen, J. A., Mannarino, A. P., Deblinger, E. (2006) *Treating Trauma and Traumatic Grief in Children and Adolescents*. New York: Guilford Press. (白川美也子・菱川愛・冨永良喜 (監訳) (2014)『子どものトラウマと悲嘆の治療──トラウマ・フォーカスト認知行動療法マニュアル』金剛出版).
7 Kameoka, S., Yagi, J., Arai, Y., et al. (2015) Feasibility of trauma-focused cognitive behavioral therapy for traumatized children in Japan: a Pilot Study. *International Journal of Mental Health Systems*, 9 (26). Doi:10.1186/s13033-015-0021-y.

6 　　トラウマの治療 (3)
　　　　－精神分析療法－

1) 19世紀後半におけるトラウマへのアプローチとフロイト

　一般的に、生死に関わるような衝撃度の強い出来事を体験した後に負う心の傷をトラウマ（心的外傷）と呼ぶ。この用語は元来、医学と外科学で使われていたものであり、ギリシャ語の「傷」に由来し、「貫く」と派生した語である。このようにトラウマという用語は、衝撃度の強い出来事を体験した後にもその体験が記憶の中に残るという精神的な後遺症を、激しい衝撃によって被膜組織が破壊され傷つくという身体医学的現象になぞらえたものである。このトラウマという概念は、19世紀後半、鉄道事故など文明の近代化に伴う種々の事故の後遺症状の研究に端を発する外傷神経症として、精神医学の議論の俎上に載っていく。

　その議論の中でシャルコー（Charcot, J-M.）は、外傷神経症とヒステリー症状を関連づけて理解する立場を取っているが、このシャルコーの影響により催眠を学んだジャネ（Janet, P.）は、ヒステリー理論を介して外傷に関わる記憶やその反復としての症状形成について論じ、現代の心的外傷理論の端緒を開いた。またジャネと同世代人のフロイト（Freud, S.）も、シャルコーのもとに留学し、ヒステリーとして外傷神経症を理解していく。さらにフロイトは、ベルネーム（Bernheim, H.M.）のもとに行き、ヒステリー治療のために催眠技法の向上に努めた。のちにウィーンに戻ったフロイトは1895年、『ヒステリー研究』を同僚のブロイアー（Breuer, J.）と共同出版した。このように20世紀の始まり、ライバル関係にあったジャネとフロイトは、互いの研究に批判的見解を示しつつ、それぞれの立場でトラウマという現象を探求していくことになる。

2) フロイトにおけるトラウマ概念の扱いの変遷

　本稿のめあては、精神分析療法におけるトラウマ治療を論ずることにあるので、現代の心的外傷論の端緒を開くジャネの多大な業績には触れず、フロイトによる精神分析の発見から精神分析療法の歴史を紐解きながら、その一端に現れる精神

分析におけるトラウマへのアプローチを見ていきたい。

　フロイトは1895年、同僚のブロイアーと『ヒステリー研究』を共同出版するが、その中において、カタルシス法によって患者が外傷的な出来事の記憶を意識の中に持ち込むことができるようになり、とりわけそれに連動するすべての元来の激しい感情を再体験することができるようになると、それらの症状は消失するようになる、と指摘した。

　この著作は、最初の1例はブロイアーによって書かれたものであるが、残り4例はフロイトが治療した患者たちの治療方法とその理解について書かれたものである。この著作の中で、フロイトのヒステリー患者たちへの治療方法が、カタルシス効果をもくろんだ談話療法、暗示、そして自由連想と修正されていくことが見て取れる。すなわちこの著作においてフロイトは、徐々にカタルシス技法を修正し、のちの精神分析療法の萌芽となる独創的な方法論を試行しながら、外傷的な記憶に接近していったと言える。ここにおいて、フロイトによる精神分析の発見とトラウマの邂逅があるわけである。

　なお、『ヒステリー研究』当時のフロイトは、談話療法の素材から、ヒステリーの起源は患者と親しい大人の側から実際になされた誘惑にあるとする、いわゆる「誘惑理論」という仮説を持っていた。現代のフロイト研究では、この仮説は現実の誘惑とヒステリー症状との間に単純な因果関係を確立しようとしたものではなく、抑圧の機制を説明することが主眼であったという見解もある。

　フロイトは臨床観察を通して、自分の見方を修正し続けていった人物であるが、この「誘惑理論」にも修正を施した。この誘惑理論は、患者たちが治療のなかで語る誘惑場面への信憑性の問題、言い換えれば、大人の子どもへの倒錯行為がそれほどまでに頻繁に起きているのかという問題があり、誘惑の空想が実際の出来事よりも症状への決定的な役割を果たすであろう、と修正されたのであった。フロイトは誘惑理論を修正するにあたり、関心を幼児性欲へと移し、乳児期以降に幼児が表現する様々な思考と欲望を探求していった。この幼児性欲への探求と同時期に、フロイトは友人への書簡における自己分析を試みる。そしてその自己分析が、精神分析の中心的課題となるエディプス・コンプレックスの発見につながっていく。

　このように、精神分析がヒステリーを介した外傷的記憶への接近から、子どもの性欲の発達段階から神経症症状を理解する理論へと展開していくなかで、トラウマ概念は次第に脇へ置かれていく。のちに精神分析が再びトラウマと邂逅する

には、フロイト自身も戦禍を被った第一次世界大戦の終焉と、フロイト自身の外傷神経症への関心の再燃を待たなければならない。

実際フロイトにおける心の機能に関する着想は、1920年（通称ベルサイユ条約調印の翌年）に大転回を迎える。この年フロイトは『快原理の彼岸』という論文で、外傷神経症の患者の夢に注目し、その夢は外傷状況を反復して再生産するという特徴があることを見出し、反復が苦痛な経験を制御しよう、克服しようとするのに役立つことを記述した。続いてフロイトは、外傷的侵入の危険を避けるために心的構造を外界および内界で発生する過度の興奮から守る刺激保護の機能を記述し、さらに外傷神経症はその刺激保護への広範囲の侵入の帰結であり、外傷性障害は驚愕と生命の脅威に帰せられると記述している。言い換えれば、心は皮膚のような"刺激保護"に包まれており、通常は過度な質や量の刺激を締め出しているが、ひとたび外傷的な出来事に遭遇すると、それらの刺激に対する濾過機能は無効化され、それまで培ってきた不安への防衛機能すなわち心的構造は破綻に陥るということである。

『快原理の彼岸』以降の諸仮説を統合するため、フロイトは、1923年『自我とエス』を発表した。ここでフロイトは、心的構造の三つの審級、自我・エス・超自我への新たな分割を導入した。また、フロイトは不安の起源についての理解も修正しながら、1926年『制止、症状、不安』を出版し、不安の起源を喪失や分離の危険を前にした反応と結論づけた。このように、後期のフロイトは、外傷的状況が近づくことによる不安の体験が抑圧の対象となると理解していく。

精神分析学派でトラウマ治療を実践している英国のガーランド（Garland, 1998）は、この『自我とエス』、『制止、症状、不安』は、現在のトラウマ理解にとって重要な意味を持つ二つの進展であり、『喪とメランコリー』（1917）とともに、トラウマに関する論文ではないが、のちのトラウマの分野でのあらゆる精神分析的展開にその論拠をもたらしているものであると述べている。

3）フロイト以後の精神分析におけるトラウマ概念

以上見てきたように、フロイトはヒステリー研究を介して外傷性神経症を取り扱い、のちに外傷性神経症には距離を置きながら、精神分析の理論を修正し続けた。フロイト以後の精神分析は、クライン（Klein, M.）がフロイトの自由連想法を子どもとの治療における遊戯技法に発展させたことにより、革新的に進化するこ

とになる。それは現代精神分析の一つの潮流として、広く対象関係論と呼ばれる。

クライン（1937）は『愛、罪そして償い』において、幼児にとって愛する経験そして内的および外的にもよい対象によって愛される経験は、心的統合に不可欠な決定因であると述べた。また、統合に向かおうとする傾向は心的生活の主要な特徴であり、安定した自我機能にとって重要なものであると述べた。このクラインの考え方は、現代の対象関係論におけるトラウマへの理論的枠組みの基礎となっている。

すなわち、早期（乳幼児）の他者との関係性が、将来外傷的な衝撃によって生じる深刻な心の傷の性質に影響し、トラウマとなる出来事が最終的にどのような意味に取られるかを決定づけ、また回復の可能な程度とその性質も決定づけるからである（Garland, 1998）。精神分析的な観点では、生死に関わるような衝撃的な出来事を体験するということは、否が応でも幼少期の未解決な心的苦痛や葛藤を呼び覚ます、と考えているのである。

幼少期の未解決な心的苦痛や葛藤は、アタッチメント理論の文脈でも論じられている。このアタッチメント理論を案出したのは、クラインに学び、のちにアンナ・フロイト（Freud, A.）に師事することになるボウルビィ（Bowlby, J.）である。ボウルビィのアタッチメント理論は、メンタルヘルスにおけるアタッチメントの重要性を強調する。安全で確実なアタッチメントは個人を守るものとして理解され、反対に安全でない不確実なアタッチメントは心理的、対人関係上の困難を導きうる。このように対象関係論の精神分析家の多くは、この早期の母子関係およびアタッチメントを心的統合の核となるものとして強調して、外傷論的観点を考察していく。ウィニコット（Winnicott, D.W.）は、母親との関わりにおける外傷的な要因がのちの人格形成に重要な影響を与えると考察した。またウィニコットに師事したカーン（Khan, M.）は、「累積トラウマ」説の中で、精神分析におけるこれまでの心的外傷説を総括した。その中でカーンは「累積トラウマ」を、環境としての母親の保護膜への侵襲に起源があると考えた。ここにおいてカーンは、フロイトが述べた保護膜と最早期のアタッチメント関係との間に直接の連結を確立したと言える。

4）精神分析療法におけるトラウマへのアプローチ

フロイトによって創始された精神分析療法の、中心的課題は自由連想法である。

自由連想法は、クライエントが寝椅子に横になり、心に浮かぶことすべてを分析者に伝える方法である。クライエントは、心の中に浮かぶものを取捨選択せずに、すべて分析者に報告するように求められる。

　フロイトの慧眼は、神経症の症状形成に関わる本来の心的苦痛は心の中になかなか浮かばず、分析者とクライエントとの関係性の問題として立ち現れる（これは転移と呼ばれる）ことを発見したことだった。フロイトは転移を考えるにあたり、クライエントに対する治療者側からの無意識的な転移も研究の俎上に載せ、それを逆転移と呼び考察した。フロイトは逆転移を治療者の盲点と考え、治療者自身が教育分析を受ける課題として論じることに終始した。

　しかしながら、フロイト以後の精神分析の潮流の一つである対象関係論に基づく精神分析家達は、分析家側の感情的反応（逆転移）はクライエントがどのような転移を分析者に向けているのかを探索する上で重要な手掛かりになるものとして利用し、逆転移を精神分析治療の最も重要な概念として位置づけた。クラインの分析を受けたビオン（Bion, W.R.）は、コンテイナー／コンテインド理論を提唱し、分析者が逆転移を吟味しながらクライエントの感情や思考を受容的に受け入れること（コンテインメント）の重要性を説いた。対象関係論に基づくトラウマ理解を実践しているガーランドは、被害経験者への精神分析的治療において治療者から提供されるものは、新たなコンテインメント体験をもたらす治療設定での特別な理解の仕方であると強調する。その特別な理解を支える重要な要素は、転移から逆転移へ、逆転移からコンテインメントへと進展する。

5) 精神分析的観点からのトラウマへの新たなアプローチ

　上述のガーランドとタヴィストック・クリニックでの同僚らのグループは、1987年のヘラルド・オブ・フリーエンタープライズ号の転覆事故の直後に「トラウマとその余波に関する研究ユニット」を創設した。そのユニットは、精神分析的な理論を外傷／トラウマのサバイバー／生還者／生存者たちとの作業に臨床適用しながら発展してきたものであり、治療にやってくる人々は、火災、虐殺事件、列車事故、テロ事件、大災害に遭遇した人々が含まれている。このユニットでは、短期の、原則的に4回のセッションでコンサルテーションという考えに基づいて面接を行っている。

　このように昨今の精神分析の潮流では、トラウマの治療に標準的な精神分析を使

用するのではなく、精神分析的観点を応用した治療モデルを作り出している。そこにはトラウマの治療に精神分析がどう貢献できるかという問いが底流に流れている。

　日本でも2011年、東日本大震災という未曾有の大災害に見舞われた。震災後、様々な復興支援の取り組みがなされているが、その支援において深刻な問題となっているのは、第一に、津波の被害や原発事故の影響で馴染みある我が家に住むことができないという住居問題、次に愛する人との死別、離別による孤独化の問題である。

　このように、トラウマには常に深刻な喪失が伴っている。そして被害経験者を前にして、支援者は被害経験者が体験している原初的な恐怖・衝動・不安に接し、無力感に襲われるであろう。被害経験者の圧倒的な情緒に支援者も絡め取られていく事態に対して、精神分析はどのような貢献ができるだろうか。

　標準的な精神分析療法は、寝椅子による設定で自由連想を行うものである。それは患者と精神分析者との関係性（すなわち転移―逆転移）を利用し、そこで立ち現れるやりとりに意味を見出していく治療方法である。すなわち精神分析では、自由連想によって語られる患者が自分の人生の外側にあると位置づけたい出来事、考え、感情を、その人の人生の一部として組み入れていくことを援助していくと言い換えることができよう。

　トラウマはただでさえ、人生に組み入れにくい出来事である。その意味では、長期にわたる寝椅子による精神分析は、複雑性トラウマや発達性トラウマを被っており、反復的な症状を訴える患者の治療には適応であるが、実際的にはそのような患者が治療を人生の一部として維持していくことに困難を示す場合が多い。しかしながら精神分析の本質が毎日の寝椅子による自由連想ではなく、患者と精神分析者の関係に立ち現れることがらに意味を見出すことであると考えるとき、精神分析の真骨頂は漂いわたる注意――それは観察と言い換えることができよう――とそれに基づく内省であると考えるとき、新たな精神分析の応用につながることができる。精神分析の現代的潮流はこの観察と内省を訓練する方法として、タビストック方式乳幼児観察を発展させてきた。

　この乳幼児観察は、1940年代にクライン派のビック（Bick, E.）によって児童心理療法家の訓練の一つとしてタビストック・クリニックに導入された。この乳幼児観察は、早期の母子関係で生じる様々な情緒を観察していく。それは乳幼児の痛々しい心的苦痛であるかもしれないし、母親の子育ての労苦であるかもしれな

い。乳幼児観察はこのような情緒の嵐の中においても観察に踏みとどまり、観察から得られる内省を深めていくが、このこと自体、乳幼児や母親の心的苦痛を観察者が見守るというコンテインメントを提供することになっている。

近年、学校現場においてこの乳幼児観察の方法論を応用し、教室で繰り広げられる教師と児童生徒との情緒的な関係を観察し、子どもが抱える不安や葛藤、そして学習困難を理解していこうとする「ワーク・ディスカッション」という方法論が試みられている。この方法論は、いじめや自殺を代表とする学校の現代的な諸問題、深刻な事件や事故の被害、大災害のように精神分析療法のアプローチが行き届かない現場——しかも抱える困難から可及的速やかに支援が必要とされている現場——に、一対一の精神分析治療ではないが、緩やかだが確実に安定したコンテインメントを提供する新たなアプローチとして期待されている。

今後このような観察と内省に基づく精神分析の新たなアプローチは、トラウマを抱えた人たちの支援およびそうした人たちの生活再建を支える支援のあり方にも応用されることになるであろう。

（上田順一）

参考文献

Bion, W. R. (1977) *Seven Servants*. Lanham: Jason Aronson.（福本修（訳）(1999)『精神分析の方法 I　セブン・サーヴァンツ（りぶらりあ選書）』法政大学出版局）.

Bion, W. R. (1977) *Seven Servants*. Lanham: Jason Aronson.（福本修・平井正三（訳）(2002)『精神分析の方法 II　セブン・サーヴァンツ（りぶらりあ選書）』法政大学出版局）.

Freud, S. (1895) *Studien über Hysterie*.（芝伸太郎（責任編集・訳）(2008)「ヒステリー研究」『フロイト全集　第2巻——1895年　ヒステリー研究』岩波書店）.

Freud, S. (1917) *Trauer und Melancholie*.（新宮一成・本間直樹（責任編集）伊藤正博（訳）(2010)「喪とメランコリー」『フロイト全集　第14巻——1914-15年　症例「狼男」・メタサイコロジー諸篇』岩波書店）.

Freud, S. (1920) *Jenseits des Lustprinzips*.（須藤訓任（責任編集・訳）(2006)「快原理の彼岸」『フロイト全集　第17巻——1919-22年　不気味なもの・快原理の彼岸・集団心理学』岩波書店）.

Freud, S. (1923) *Das Ich und das Es*.（本間直樹（責任編集）道籏泰三（訳）(2007)「自我とエス」『フロイト全集第18巻——1922-24年　自我とエス・みずからを語る』岩波書店）.

Freud, S. (1926) *Hemmung, Symptom und Angst*.（大宮勘一郎・加藤敏（訳）(2010)「制止、症状、不安」『フロイト全集19巻——1925-28年　否定・制止、症状、不安・素人分析の問題』岩波書店）.

Garland, C., et al. (1998) *Understanding trauma : A psychoanalytical Approach*. Taylor & Francis.（松木邦裕（監訳）田中健夫・梅本園乃（訳）(2011)『トラウマを理解する——対象関係論に基づく臨床アプローチ』岩崎学術出版社）.

Klein, M. Love, Guilt and Reparation. In *Love, Guilt and Reparation*. London : Hogarth Press.（西園昌久・牛島定信（編訳）(1983)『愛、罪そして償い（メラニー・クライン著作集3）』誠信書房）.

Quinodoz, J-M. (2004) *Lire Freud : Découverte chronologique de l'oeuvre de Freud*. Paris: Presses Universitaires de France.（福本修（監訳）(2013)『フロイトを読む——年代順に紐解くフロイト著作』岩崎学術出版社）.

Rustin, M. and Bradly, J. (eds) (2008) *Work Discussion: Learning from Reflective in Work with Children and Families*. Karnac Books.

7　子どものトラウマ
　　―乳幼児期を中心として―

　本書の事例編では、「トラウマ」に関連する出来事が様々に取り上げられてきたが、就学前の乳幼児期にある子どもの事例は、事例3と20のみである。そこで本章では、特に乳幼児期の子どもを中心としたトラウマの問題について、若干の補足をしておきたい。

1）PTSDにおけるトラウマ

1●トラウマとなる出来事

　外傷後ストレス障害（posttraumatic stress disorder: PTSD）は、トラウマ体験による精神障害である。1980年のDSM-Ⅲに初めて登場して以来、様々な批判的検討がなされつつ現在に至っている。他章でも述べられているように、DSM-5におけるPTSDは、「心的外傷およびストレス因関連障害群」に分類される[1]。ほかにこの疾患群に入るのが、アタッチメント障害（反応性アタッチメント障害及び脱抑制型対人交流障害）、急性ストレス反応、適応障害などである。これらの疾患群は、きっかけとなった外的出来事の同定が必要という点が共通する。PTSDにおいて最も特徴的な変更は、このトラウマとなる出来事に対して、これまでより具体的で、明確な定義がなされたことであるという。

　なお、6歳以下の子どもは発達的にトラウマの体験様式が異なるため、別の診断基準が設けられている。すなわちトラウマは、実際に危うく死にそうになるほどの危険、重症、性的暴力を受ける出来事とされ、それを直接体験する、あるいはそれを目撃した場合、トラウマ体験となる。特に、親や養育者などにそうしたことが起こった場合、それを耳にしたことにもよる。ただし、メディアなどを通しての曝露は、含まれない。6歳以上の場合と大きく異なる点は、トラウマとなる出来事の強い不快感をいだく細部に、繰り返しまたは極端に曝露される体験が含まれていないことである。

　これまでのDSM-Ⅳ-TRによるトラウマとなる出来事の定義には、本人の反応すなわち、強い恐怖や無力感または戦慄、さらに子どもの場合には、まとまりの

ない行動や、興奮した行動などがセットになっていた[2]。しかし、トラウマ体験後間もなくの反応は個人差が大きく、このようなかたちで反応が出ないこともある。また、心理的苦痛の臨床的発現は多様であり、トラウマをどのように感じるか、どんな反応を呈するかという要素は、トラウマの出来事の定義から分離された。

2●トラウマにつながる多様な出来事

このようにPTSDの診断に結び付く出来事の定義は、より明確になったが、これは、より限定的になったともいえる。それゆえ、PTSDにならなければ、トラウマを経験していないということではない。子どもの診断についても、たとえば、現実的にPTSDの診断基準が適応可能な年齢は、9か月くらいまでであり[3]、早期乳児期の発達段階の特殊性をさらに考慮する必要がある。

また実際にトラウマとなる出来事に遭遇する人々が、多様なストレスを同時的に体験していることは周知のとおりである。たとえば、大きな災害や事故に巻き込まれたとき、自分が死ぬかもしれない体験と共に、大切な人が亡くなるなどの喪失体験、日常の生活が奪われてしまうことによる長期の困難な生活というように、強いショックから慢性的なストレスまで、様々な重いストレスが降りかかる。

本書の事例もそのように描かれているものが多くあるのは、当然のことである。PTSDに関連する出来事に遭遇した子どもの場合にも、個別の心理的ケアに加えて、親子関係の支援や慢性的なストレスへの対応も行われながら展開していくことが多くなろう。特に養育者との関係は、子どもをトラウマの影響から守り、回復させる最大の援助資源となるだろう。

2)アタッチメント障害におけるトラウマ

これまで、DSM-Ⅳの「通常、幼児期、小児期、または青年期に初めて診断される障害」に分類されていた反応性アタッチメント障害（Reactive Attachment Disorder）は、DSM-5で、新たにPTSDと同じ「心的外傷およびストレス因関連障害群」にまとめられた。その際、従来の反応性アタッチメント障害の中で、抑制型と呼ばれていたものが、反応性アタッチメント障害として残り、脱抑制型が新たに脱抑制型対人交流障害（Disinhibited Social Engagement Disorder）となった。それぞれの特徴をまとめておこう。

・反応性アタッチメント障害

　養育者に対して、苦痛なときにも慰めを求めず、情動的に引きこもっている。大人と関わろうとせず、陽性の感情が制限されていることである。

　この障害は、自閉症スペクトラム障害との鑑別が難しい。しかし自閉症児には、アタッチメント行動が見られる。乳児（9か月）から小児期早期（5歳まで）に診断されるが、まれである。重度のネグレクトを受けた子どもでも、10％未満にしか生じないといわれている。

・脱抑制型対人交流障害

　過度の馴れ馴れしさに特徴づけられる。まるで見境なく、初めての見知らぬ他者に対しても、親しみを込めて近づいてなついていくような行動が見られる。また、不慣れな場所で養育者から遠く離れても、振り返って確認することがない。

　一見すると、社交的であり、特定の大人から慰めを求め、肯定的な感情を共有することができる。しかし見知らぬ他者に対して、養育者の保証なしに、親しみを込めて近づいたり一緒についていくなどの行動は、不適応と見なすべきである。

　この障害は、注意欠如・多動症の衝動性の特徴と類似することがあるが、特定の人間関係の障害であることがその違いである[4]。こちらも9か月から診断可能である。反応性アタッチメント障害と比べると、重度のネグレクトを受けた子どもの20％程度に生じるといわれている。

　これらの障害は、最初は小児期に見つかり、著しく障害された発達的に不適切なアタッチメント行動の様式によって特徴づけられる。診断において、深刻な社会的ネグレクトの体験が要件となる。PTSDにおける被虐待体験も含まれうるが、もっと早期の生活全般にわたって、不適切な扱いに繰り返し曝露される深刻なトラウマ体験といえる。しかも、この障害に診断されるケースは、まれであり、子どもにとってきわめて深刻な事態ということになる。

　ルーマニアの劣悪な環境で施設養育されていた乳幼児の研究で、これらの障害となった子どもたちの国際里親養育移行後の発達状況が縦断的に確かめられており、里親に対してアタッチメントが形成され、症状が軽減されることがわかってきた[5]。

3) 発達性のトラウマ障害

　およそ単回性のトラウマによって起こる、PTSDの様々な症状に対して、アタッチメント障害に関連するトラウマのように、慢性的に不適切な養育を被った場合、心的発達すなわち脳の発達に広範囲の悪影響を及ぼすことがわかっている[6]。子どもの発達は、対人的な文脈と環境的文脈の中で進行するが、アタッチメントは、最早期の子どもが自己制御や人間関係への信頼、外界を探求していく上での基本的な安全基地を発達させる土台となるものである。それゆえ、養育者との間に安定したアタッチメントができていれば、子どもはトラウマを体験してもその影響からより早く回復することができるが、人生初期のアタッチメント形成期に、その部分にダメージを受けてしまうと、その後様々な発達の歪みが生じるリスクが高まってしまう。

　この種のトラウマの影響は複雑であり、症状のカテゴリーだけから診断をしていくと、思春期までに様々な症状が出て、複雑化し、一人の子どもに多重に診断名がついてしまうことがある。幼少期の慢性的・反復的トラウマの体験が、こうした発達の混乱を引き起こしている場合に、確立された診断分類ではないが、発達性のトラウマ障害と呼ぶ、発達精神病理学的視点がある[7]。

　ストレスの強度は、日常生活にまつわる通常程度の緊張から、破滅的体験による生理的・情動的バランスの極端な歪みまで幅が広い。これがストレス―トラウマ連続体である。幼少の虐待被害は数多くあり、また1回の不適切な扱いで、子どもがアタッチメント障害を引き起こさなくとも、それらが累積していった場合に、大きなトラウマ体験として、アタッチメントの質を変えてしまう恐れは十分ある。なぜなら、そのトラウマ体験は、親が危険から自分を守ってくれるという、幼い子どもの発達的状況から見て妥当な期待が、繰り返し裏切られたことを意味するからである。

4) トラウマの影響を受けたアタッチメントの回復は可能か

　このように、アタッチメントの安定が損なわれるようなトラウマは、その人のその後の対人的経験に影を落とすが、一方で、先のルーマニアの研究に示されるように、アタッチメントの傷つきは、適切な養育によって回復することも可能である。つまり、アタッチメントが変化する可能性は、完全には否定されない。

これについて、アタッチメントの発達研究からの示唆がある。アタッチメントが形成される生後1年後のアタッチメント行動は、ストレンジ・シチュエーション法（以下、SSP）で測定され、四つのパターンに分類される。この行動パターンは、乳児がその後対人関係を持つときに、その意味付けを行う一つの内的作業モデルとして機能すると仮定されており、いわば表象レベルで、その個人の中で保持され、連続的に機能していくものとされている。成人になってそれを測定するのに、アダルト・アタッメチント・インタビュー（以下、AAI）が開発され、アタッチメント表象の質が類型化されている。

　これらを用いた研究結果からは、おおむねアタッチメントの安定性と世代間伝達（親のアタッチメントの質が乳児の愛着の質と一致する）があることがわかっている。しかしたとえば、12か月時のSSPによる乳児のアタッチメントタイプと、同じ被験者が成人となった時点でのAAIによるアタッチメントタイプをマッチングさせると、およそ30％程度のアタッチメントタイプの変化が見られるという[8]。アタッチメントタイプが変化した個人は、一つ以上のネガティブなライフイベント（たとえば、親の喪失、虐待被害など）を経験したとするものもあるが、関連を見出さなかった報告もある。つまりおおむね安定しているものだとしても、一度身についたアタッチメントの質は、生涯絶対に変わらないものだとはいえない。

　また、養育者のAAIによるアタッチメントタイプと、養育者の子どものSSPによるアタッチメントタイプのマッチングでも、30％程度の不一致がある[9][10]。ただし、臨床的にアタッチメントが混乱したものとされるAAIの未解決型とSSPのD型との合致率は、その他の組み合わせの一致率よりも高くなるという[11]。早期親子の関係性支援の必要が、一連の研究から示されている。

5）子どもがトラウマ体験を乗り越えるための援助

1●専門機関における治療プログラム

　子どものトラウマの治療法も、様々なものが開発されている。心理療法的なアプローチにおいて、学童期以上の子どもたちには、トラウマに焦点づけた認知行動療法プログラムなどの効果が実証された治療プログラムがある[12]。ただし、国内において構造的なプログラムの実施がかなう専門機関の数は十分とはいえない。

　認知行動療法プログラムにおいて、心理教育は重要な要素であり、今の自分の状況は誰にでも起こる自然な反応であることを知り、自責感を持つ必要はないこ

と、あるいは、症状に苦しむときの対処法などを、知識として学んでいく。養育者にもトラウマを負った子どもへの関わり方を学ぶペアレント・トレーニングが有効である。その上で、自分のトラウマ体験に徐々に向き合いながら、自己コントロールを身につけていく。

　もっとも、個々の子どものニーズに合わせた支援と、実証的な効果測定を経てマニュアル化された介入を堅持していくこととの折り合いをどうつけていくかは、未解決の課題である。治療計画を立てるためのアセスメント一つにしろ、子どもから直接情報を得ていく作業には、子どもの視点に立った柔軟なコミュニケーションが求められるであろう。

2●プレイセラピー

　トラウマの再現とそれへの介入を前提とした、プレイセラピーも行われる。プレイセラピーを行える専門機関は、医療、教育、福祉施設など多くある。ただし、トラウマ体験を回避しようとすることも、子どもの一つの反応であるので、漫然と子どもの遊びについていくだけでは、トラウマの表現をとらえて介入していくことが難しくなる。少なくとも、子どもが何らかのトラウマ体験を受けている情報が得られている場合には、トラウマの引き金や、それ以外にもトラウマの再現と見なせるものがないかどうかを見極める必要がある。そのために、いくつかのおもちゃを吟味して、プレイに持ち込んでおくべきである。

　子どもと遊ぶことは、子どもの持つ対人関係の質や、情動の自己調節、自己表現などに関する力をアセスメントすることに役立つ。遊びの流れの中で子どもが説明のつかない行動をしていたら、何らかのトラウマ体験との結びつきを探索していく必要がある。トラウマ体験が再演される遊びは、ポストトラウマティックプレイと呼ばれ、通常の子どもが遊びに没頭しているときに比べて、柔軟に変化する創造性に欠け、決まった流れで、同じ事が執拗に繰り返される。子どもはこの遊びに没頭して、周囲に気が向かなくなるほどなのに、楽しそうにも見えない、むしろ表情に乏しく、感情があまりよく分からないような様子で展開される[13]。遊びのまとまりも、深さも、ひろがりも著しく制限されてしまう。

　子どものトラウマが再演されているとき、こちらにも耐えがたい苦痛が湧く。子どもの遊び自体が、破壊的なものだと、つい、構造化してやるのが支援とばかりに、子どもの表現に蓋をしにかかりたくなる。しかし、そう長い時間でなくてよい、せめて数分の間くらいは、黙って子どもの様子を見るべきである。他者とど

んな関係を持つと想像できるか、感情はどのような基調であるか。時間経過の中では、どのようにそれが移り変わっていくのか[14]。

　その上で、子どもが徐々に自分をコントロールできる感覚を取り戻すことを手助けできるよう、遊びの中の物語に耳を傾けたり、寄り添いながら少しずつ遊びに加わっていく。

3●子ども―親心理療法

　乳児の場合、発達的に、トラウマを遊びで表現できない。1歳後半からすでに簡単なごっこ遊びのような表現は見られるものの、睡眠のリズムが混乱したり、なだまりにくかったりなど、育てにくさが前景に現れる。乳児は、発育不全に陥ることもある。

　子どもへの個別のケアはもちろん、親子のアタッチメント関係を援助しながら、子どもの回復を促していく[15]。また、関係性の支援が必要な理由に、虐待がなくとも、親のトラウマ体験や心身の健康を害することなどによって、子どものアタッチメント形成が困難に陥る場合もある。このようなとき、親機能を保つ援助を行いながら、子どものトラウマ体験を予防していく。家族のDVを目撃した子どものトラウマの治療プログラムなどもある[16]。

　子ども―親心理療法は、6歳未満の子どもと親に適用が可能なアプローチであり、構造化されたプログラムというよりも、親子の関係性に焦点を当てながら援助をしていく心理療法を、包括的に示している[17]。親の協力が得られるならば、乳児のトラウマの回復に有効なアプローチであろう。

　以上、子どものトラウマに関して述べてきたが、当然のことながら、子どもは自分から専門機関へ受診することはない。虐待の発生を減少させ、親子の関係性をより良くする支援は、地域全体で取り組む必要がある[18]。

　また事件や災害時などの緊急支援以外は、専門家がトラウマ支援として現場に入ることもないだろう。それゆえ、保育所や子育て支援機関、あるいは、乳児院、児童養護施設、母子生活支援施設等、特に乳幼児の生活の場に近いところで心理臨床を行う心理職は、子どものトラウマ体験をキャッチするアンテナを常に携えておくことが、子どもの早期のトラウマケアを行う上で、非常に重要なことだと思われる。

　　　　　　　　　　　　　　　　　　　　　　　　　　　（青木紀久代）

参考文献

[1] American Psychiatric Association (2013) *Diagnostic and Statistical Manual of Mental Disorders*, Fifth Edition. Virginia: American Psychiatric Association. (髙橋三郎・大野裕（監訳）(2014)『DSM-5 精神疾患の診断・統計マニュアル』医学書院）.

[2] American Psychiatric Association (2000) *Diagnostic and Statistical Manual of Mental Disorders*, Fifth Edition. Virginia: American Psychiatric Association. (髙橋三郎・大野裕・染矢俊幸（訳）(2004)『DSM-Ⅳ-TR精神疾患の診断・統計マニュアル』医学書院）.

[3] Scheeringa, M. (2009) Posttraumatic Stress Disorder. In C. Zeanah (ed.) *Handbook of Infant Mental Health*. New York: Guilford Press, pp.345-361.

[4] Bamhill, J. (ed.) (2014) *DSM-5 Clinical Cases*. American Psychiatric Publishing. (髙橋三郎（監訳）(2015)『DSM-5　ケースファイル』医学書院）.

[5] Zeanah, C., Smyke, A., Koga, S. (et al.) (2005) Attachment in institutionalized and community children in Romania. *Child Development*, 76(5), pp. 1015-1028.

[6] 友田朋美 (2012)『新版 いやされない傷——児童虐待と傷ついていく脳』診断と治療社．

[7] van der Kolk, B. (2005) Developmental trauma disorder: Towards a rational diagnosis for children with complex trauma histories. *Psychiatric Annals*, 35, pp. 401-408.

[8] Waters, E., Weinfield, N. S. & Hamilton, C. E. (2000) The stability of attachment security from infancy to adolescence and early adulthood: general discussion. *Child Development*, 71(3), pp. 703-706.

[9] Fonagy, P., Steele, H. & Steele, M. (1991) Maternal representation of attachment during pregnancy predict the organization of infant-mother attachment at one year of age. *Child Development*, 62(5), pp. 891-905.

[10] van IJzendoorn, M. (1995) Adult attachment representations, parental responsiveness, and infant attachment: a meta-analysis on predictive validity of the adult attachment interview. *Psychological Bulletin*, 117(3), pp. 387-403.

[11] Main, M. & Hesse, E. (1990) Parents' unresolved traumatic experiences are related to infant disorganized attachment status: Is frightened and/or frightening parental behavior the linking mechanism? In M.T. Greenberg, D. Cicchetti & M. Cummings. (Eds.) *Attachment in the preschool years: Theory, research and intervention*. Chicago: University of Chicago Press. pp.161-182.

[12] Choen, J., Mannarino, A. & Deblinger, E. (2012) *Trauma-Focused CBT for Children and Adolescents: Treatment Applications*. New York: Guilford Press. (亀岡智美・紀平省悟・白川美也子（監訳）(2015)『子どものためのトラウマフォーカスト認知行動療法——さまざまな臨床現場におけるTF-CBT実践ガイド』岩崎学術出版社）.

[13] Gill, E. (2006) *Helping abused and traumatized children: Integrating directive and Nondirective approaches*. New York: Guilford Press. (小川裕美子・湯野貴子（訳）(2013)『虐待とトラウマを受けた子どもへの援助——統合的アプローチの実際』創元社）.

[14] Greenspan, S. & Greenspan, N. (2003) *The clinical interview of the child, 3rd edition*. Washington, D.C.: American Psychiatric Publishing. (濱田庸子（訳）(2008)『子どもの臨床アセスメント——1回の面接からわかること』岩崎学術出版社）.

[15] Berlin, L., Zeanah, C. & Lieberman, A. (2008) Prevention and intervention programs for supporting early attachment security. In Cassidy, J. & Shaver, P. (eds.) *Handbook of Attachment Theory and Research, 2nd ed*. New York: Guilford Press, PP.745-762.

[16] Lieberman, A.F. & Van Horn, P. (2004) *Don't hit my mommy!: a manual for child-parent psychotherapy with young witnesses of family violence*. Washington, DC: Zero to Three Press.

[17] Lieberman, A. & Van Horn, P. (2008) *Psychotherapy with Infants and Young Children: Repairing the Effects of Stress and Trauma on Early Attachment*. New York: Guilford Press. (青木紀久代（監訳）(2014)『子ども—親心理療法 トラウマを受けた早期愛着関係の修復』福村出版）.

[18] Berlin, L., Zeanah, C. & Lieberman, A. (2016) Prevention and intervention programs to support early attachment security: a move to the level of the community. In Cassidy, J. & Shaver, P. (eds.) *Handbook of Attachment Theory and Research, 3rd ed*. New York: Guilford Press, pp.739-758.

第III部 資料編

PTSDの歴史と世界的トラウマティック・イベント

●ここでは、トラウマティックイベント（トラウマとなる出来事）に関する資料を提示してある。大きく分けて世界的で巨大なものと、国内におけるイベントに分けた。ここに挙げたものは一部にしかすぎないが、歴史の時間経過の中で忘れ去られたり、風化してしまったイベントも少なくない。

●巨大なものでは、世界の主な「事件・事故」、「戦争・ジェノサイド（あるグループの存在を抹消することを目的として行われる暴力的な犯罪行為）・テロ」、「災害」についてその年次と場所、犠牲者数を示してある。

●国内のものでは、子どもが被害者となった「児童虐事件」を示した。次に「殺人事件」を示した。この二つのイベントは毎日のように起きていて、そのあとにはトラウマが残っていることを忘れてはならない。　　　　　　（藤森和美）

PTSDの歴史と世界的トラウマティックイベント

　本章の主たる目的は世界的トラウマティックイベントを概観することである。ではトラウマティックなイベントとはどのようなものを指すのであろうか。DSM-5（『精神疾患の診断・統計マニュアル』）の心的外傷後ストレス障害（Posttraumatic Stress Disorder：以下PTSD）の基準を参照すると、「実際にまたは危うく死ぬ、重症を負う、性的暴力を受ける出来事」とされている。このような出来事の直接的な体験もしくは暴露がPTSDの基準の一つである。つまりトラウマティックな出来事とは、生命を脅かすような出来事、もしくは圧倒的な暴力が介在した出来事ということになる。

　このことから、多くの犠牲者を出す大災害、戦争、テロ、甚大な事故などは、トラウマティックイベントといえるであろう。一方、多くの犠牲者を出すわけではないが、交通事故や殺人事件に巻き込まれたり目撃したりすること、強盗やレイプの被害に遭うこと、児童虐待を被ることなども重大なトラウマティックな体験であるといえる。

　そこで本章では、多くの犠牲者を出し、世界的にも重大なトラウマティックイベントと、殺人事件、児童虐待を中心とした我が国におけるトラウマティックイベントに分けて概観し、各トラウマティックイベントが個人と社会に与える影響について検討を行う。

1) 世界規模のトラウマティックイベント

1●事件・事故

　トラウマは、鉄道事故の後遺症状として、現代のPTSDに似た症状が報告されるようになり、1886年にエリクセン（Erichsen）が「鉄道脊椎症（railroad spines）」という概念を提示したのが始まりとされている。そこではじめに1900年以降の世界の事件、事故を概観する（表Ⅲ-1-1）。

　まず、これまで何度も映画などの作品に取り上げられた1912年のタイタニック号の沈没、1937年の飛行船ヒンデンブルク号の墜落などが挙げられる。1942年

表III-1-1　世界の主な事件・事故

年代	災害	場所	犠牲者
1912	タイタニック号沈没	イギリス	1,513人
1937	ヒンデンブルク号爆発事故	アメリカ	36人
1942	ココナッツ・グローブ火災	アメリカ	500人
1944	バルヴァーノ鉄道事故	イタリア	400人
1972	バッファロー・クリーク決壊事故	アメリカ	128人
1976	チョウチラバスジャック	オーストラリア	0人
1977	ビヴァリー・ヒルズ火災	アメリカ	64人
	テネリフェ空港ジャンボ機衝突事故	スペイン	583人
1978	ジョーンズタウン集団自殺	ガイアナ	914人
1979	エレバス山墜落事故	南極	257人
	スリーマイル島原子力発電所事故	アメリカ	0人
1982	エア・フロリダ90便墜落事故	アメリカ	78人
1983	聖灰水曜日（火災）	オーストラリア	72人
1984	ボパール化学工場事故	インド	3,030人以上
1985	日航機墜落事故	日本	520人
1986	チェルノブイリ原子力発電所事故	ロシア	4,000人
2005	JR福知山線脱線事故	日本	107人
2011	福島第一原子力発電所事故	日本	2人
2013	ダッカ近郊ビル崩落事故	バングラデシュ	1,127人

のココナッツ・グローブの大火災については、リンデマン（Lindemann）が詳細な観察を行っている。この観察はその後ホロヴィッツ（Horowitz）によって取り上げられ、トラウマへの反応が、侵入症状と麻痺症状の二相性を持つことが指摘され、「ストレス反応症候群」の概念形成に大きな影響を与えた（van der Kolk et al., 1996）。1972年に起こったバッファロー・クリークの決壊事故については、グリーン（Green）らによる長期的な追跡調査が行われており、2年後の1974年のPTSDの罹患率は44％であったが、14年後の1986年には28％に低下したことが報告されている。1976年のチョウチラのバスジャック事件では、テア（Terr）による子どもの反応について研究がなされている。1977年のビヴァリー・ヒルズ火災ではリンディ（Lindy）らが調査研究を行い、生存者の生き残ったことへの罪悪感や周囲への怒りの持続などについて報告している。1983年の聖灰水曜日の大火災では、マクファーレン（McFarlane）らが大規模な疫学調査を行っている（Raphael, 1986）。

また技術の進歩に従って、航空機事故や原発事故などが1980年前後から出現するようになる。航空機事故の特性は、他の輸送機事故と比較して生存率がきわめ

て低いことや、乗客に共通点が少なく事故後に離散する傾向が強いため、集団による自助作用が得られにくいことなどが挙げられる。このほかにも遺体の損傷が激しいことから、救助関係者にも二次的トラウマが生じやすい。

原子力発電所事故としては、1979年のスリーマイル島、1986年のチェルノブイリ、そして2011年の東日本大震災と連動して生じた福島第一原子力発電所事故が挙げられるであろう。これらの原子力発電所事故は、居住地からの強制退去、放射能の次世代への影響、健康不安など様々な課題があり、身体的なリスクだけではなく、精神・心理的な影響も非常に大きいとされている。

2●戦争・ジェノサイド・テロ

戦争は、どのような大規模な災害や事故よりも多大な犠牲者を出す。また戦争はトラウマティックな状況が、長期間にわたり反復される。そしてそれは天災などの避けがたい現象ではなく、人が作り出す人為的な現象である。また戦争は、広島・長崎に投下された原爆のような大量破壊兵器、ホロコーストのような相手国の人々を非人道的に取り扱うジェノサイドなど、多くの問題をはらんでいる。このことから戦争とPTSDの関連は強く、PTSDの概念構成にも戦争は大きな影響を与えた。

たとえば、第一次世界大戦では、マイアーズ（Myers）が砲弾恐怖症（shell shock）の概念を提示している。またカーディナー（Kardiner, 1941）は、第一次、第二次世界大戦から兵士の症例を集め、その後のPTSD研究に多大な影響を与えた『戦争ストレスと神経症』を著しており、広島・長崎の原爆についてはリフトン（Lifton, 1968）が『ヒロシマを生き抜く』などを記し、戦争というトラウマティックなイベントが人間の心にどのような影響を与えるかが検討され始めた。

また戦争は子どもたちにも大きな影響を与える。たとえば二つの世界大戦を通し、アンナ・フロイト（Freud, A.）らのハムステッド・ナーサリーでの実践、スピッツ（Spitz）のホスピタリズムの概念化などが行われ、その後のボウルビィ（Bowlby）のアタッチメント研究、そして現代のアタッチメント理論へとつながっていく。

しかし第二次世界大戦後も世界各地での戦争、紛争、内戦や独裁者の専横などは繰り返されている。表Ⅲ-1-2に記載した朝鮮戦争、ベトナム戦争、ポルポトの大虐殺、イラン・イラク戦争などをはじめ、この他にも中東戦争（1948年～1973年）、パレスチナ紛争（1948年～）、第一次スーダン内戦（1955年～1972年）、北アイルランド紛争（1969年～1998年）、ヨルダン内戦（1970年）、カンボジア内戦（1971

表Ⅲ-1-2 世界の戦争・ジェノサイド・テロ

年代	戦争	場所	犠牲者
1914	第一次世界大戦（1914～1918）	世界	900万～1,500万人
1939	第二次世界大戦（1939～1945）	世界	5,000万～8,000万人
1940	ロンドン大空襲	イギリス	4万3千人以上
1941	ホロコースト（1941～1945）	ドイツ	500万～600万人
1945	広島・長崎原爆投下	日本	18万5千人以上
	東京大空襲	日本	102,340人
1950	朝鮮戦争（1950～1953）	朝鮮半島	600万人以上
1960	ベトナム戦争（1960～1975）	ベトナム	200万～800万人
1976	ポルポトの大虐殺（1976～1978）	カンボジア	100万人～300万人
1980	イラン・イラク戦争（1980～1988）	イラン、イラク	100万人以上
1990	湾岸戦争（1990～1991）	イラク、クウェート等	2万～3万5千人
1995	地下鉄サリン事件	日本	13人
	オクラホマシティ連邦政府爆破事件	アメリカ	168人
2001	アメリカ同時多発テロ	アメリカ	3,000人以上
	アメリカ炭疽菌事件	アメリカ	5人
2003	イラク戦争（2003～2011）	イラク, クウェート等	50万～65万人

年～1992年）、レバノン内戦（1975年～1990年）などが起こっている。一方で、チャウチェスク政権に支配されていたルーマニアの施設の調査から、アタッチメント（愛着）に関する重要な研究なども発表されている（Nelson et al., 2014）

　そして、人為的で故意に圧倒的な暴力によって引き起こされるテロについてもここで概観する。我が国の1995年の地下鉄サリン事件は大きな衝撃を与えた。地下鉄サリン事件では、事件の全容が解明されるまでテロを引き起こした教団関係者がテレビなどで自らの正当性を喧伝したため、被害者の方々は何度も事件を想起せざるをえなかった。また2001年のアメリカ同時多発テロ、その後のアメリカ炭疽菌事件は、多くの犠牲者を生み、アメリカのみならず世界に大きな衝撃を与えた。これらテロに関しては、リンデマンが指摘した「悲嘆の歪曲」が起こりやすい。悲嘆の歪曲とは災厄を引き起こした加害者に対する関係者の強い怒りである。そのため通常の喪失を体験したときに生じる喪の作業が滞り、激しい怒りの感情が遷延し続けやすい。

3●災害（地震・火山・水害など）

　災害に関しては、特に地震において顕著であるが、予測の困難さが挙げられる。

そして時代や地域、災害の起こった場所の特性によって、災害直後の支援や復興には様々な差が生じる。たとえば、我が国で起こった阪神・淡路大震災はその後の火災が、一方東日本大震災は津波が、被害を拡大させた。また東日本大震災では、すでに述べたように福島第一原子力発電所事故を引き起こしている。そしてこのような差は、我々の心にも少なからず違った影響を与えると考えられる。ここでは当時の社会的な背景も含め、世界的な災害について概観する。

表Ⅲ-1-3の冒頭にあるモン・プレー火山は、1900年以降の火山災害としては、おそらく最大の犠牲者を出している。1908年のメッシーナ地震は、その規模もさることながらシュティアリン（Stierlin）が、被災者たちの精神状態について調査を行い災害精神医学の先駆けとなる研究を行っている（Friedman et al., 2001）。我が国では、1923年に14万人以上の犠牲者を出した関東大震災があった。また昭和三大台風といわれる室戸台風、枕崎台風、伊勢湾台風が襲来しており、伊勢湾台風は、戦後の日本において、阪神・淡路大震災までで最も大きな犠牲者を出した自然災害であった。終戦前後には、鳥取、昭和東南海、三河、南海の四大地震が起こっている。特に戦時中にあたる昭和東南海地震、三河地震では情報統制がなされ、被災者たちは被害状況を話すことも規制されていた。被災している中でのこの情報統制は、当時の被災者にどれほどの不安を与えたであろうか。

1960年にチリ地震が起こり、我が国にも津波が到達し、142人の犠牲者を出している。この地震は、観測史上最大のマグニチュード（M9.5）を記録している。また中国では1976年に唐山地震が起こっており、この地震の犠牲者は25万人近くに達し、20世紀最大の地震災害とされている。一方、前年の海城地震は世界初の地震予知が成功した地震であるとされている。海城地震は、1975年2月4日の午後7時36分に発生しているが、4日午前0時30分に、地震発生の予想が記録されている。実際にこの予報に従って老人や子どもの避難、救急活動の配備などが行われており、そのため犠牲者が1,328人と抑えられたのではないかと考えられる。また1970年にペルーで起こったアンカシュ地震は、ワスカラン雪崩を引き起こした。このときの雪崩のスピードは、時速450kmにも達したといわれており、ユンガイ、ランライルカという街を壊滅させた。水害では、インドやバングラデシュに度々サイクロンが襲来し、特に1970年の「ボーラ」は、30万人を超える犠牲者を出している（北嶋, 2015）。

1980年代以降の比較的最近の災害に目を移していくと、地震においては1985年のメキシコ地震、アルメニアで1988年に起こったスピタク地震、1990年のイラン

表III-1-3 世界の災害（火山・地震・水害など）

年代	災害	場所	犠牲者
1902	モン・プレー火山	西インド諸島	3万人
1908	メッシーナ地震	イタリア	8万2千人以上
1923	関東大震災	日本	147,200人
1934	室戸台風	日本	3,036人
1943	鳥取地震	日本	1,083人
1944	昭和東南海地震	日本	1,223人
1945	三河地震	日本	2,652人
	枕崎台風	日本	3,756人
1946	南海地震	日本	1,330人
1959	伊勢湾台風	日本	5,177人
1960	チリ地震	チリ	5,833人
1970	アンカシュ地震	ペルー	5万人
	ワスカラン雪崩	ペルー	1万8千人
	サイクロン「ボーラ」	バングラデシュ	30万人
1975	海城地震	中国	1,328人
1976	唐山地震	中国	242,796人
1985	メキシコ地震	メキシコ	9,500人
1988	スピタク地震	アルメニア	2万5千人
1990	ルードバール地震	イラン	4万人
	雲仙普賢岳	日本	43人
1991	サイクロン「ゴルキー」	バングラデシュ	138,866人
	レイテ島台風「セルマ」	フィリピン	8,000人
	ピナツボ火山	フィリピン	2,000人
1995	阪神・淡路大震災	日本	6,434人
1998	ハリケーン「ミッチ」	中南米カリブ海諸国	2万人以上
1999	サイクロン「オリッサ」	インド	9,885人
	イズミット地震	トルコ	17,262人
2001	グジャラート地震	インド	20,252人
2003	バム地震	イラン	43,200人
2004	スマトラ島沖地震	インドネシア	266,812人
2005	ハリケーン「カトリーナ」	アメリカ	2,541人
	カシミール地震	パキスタン	7万5千人
2008	サイクロン「ナルギス」	ミャンマー	138,373人
	四川大地震	中国	87,476人
2010	ハイチ地震	ハイチ	22万3千人以上
2011	東日本大震災	日本	21,839人
2013	サイクロン「ハイエン」	フィリピン	7,986人

のルードバール地震、1999年のトルコでのイズミット地震、2001年のインドでのクジャラート地震、2003年のイランのバム地震、2004年のインドネシアのスマトラ島沖地震、2005年のパキスタンのカシミール地震、2008年の中国の四川大地震、2010年のハイチ地震と、1万人以上の犠牲者を出した地震だけでこれだけの数に上る。

　そして我が国でも二つの大地震が起こっている。一つは1995年の兵庫県南部地震（阪神・淡路大震災）、そしてもう一つは2011年3月11日の東北地方太平洋沖地震（東日本大震災）である。阪神・淡路大震災は、先進国の都市直下型地震として世界的な注目を集めた。また阪神・淡路大震災以降、PTSDという概念が我が国でも広く知られるようになり、その後のトラウマティックイベントの後には"心のケア"が必要であると認識されるようになった。また阪神・淡路大震災の被害特徴は倒壊、火災であったが、2万人以上の犠牲者を出した東日本大震災の被害の多くは津波被害であった。さらに東日本大震災では、震災被害だけにとどまらず、直後に起こった原発事故も人々の心に大きな傷跡を残している。

　水害では、発展途上の国々で多くの被害が出ている。1991年のバングラデシュのサイクロン「ゴルキー」、同年のフィリピン・レイテ島の台風「セルマ」、1998年に中南米を襲ったハリケーン「ミッチ」、1999年のインドのサイクロン「オリッサ」、2008年のミャンマーのサイクロン「ナルギス」、2013年のフィリピンのサイクロン「ハイエン」などが挙げられる。一方、巨大台風として当時話題を集めた2005年アメリカのハリケーン「カトリーナ」は、2,541人という人的被害を出す一方で、960億ドルという経済被害を与えたとされている。近年、先進国における水害は、人的被害が縮小され、反対に経済被害が拡大する傾向があるようである（北嶋, 2015）。

2) 我が国におけるトラウマティックイベント

　次に殺人事件、児童虐待について我が国を中心として検討するが、その前に児童虐待を取り巻く世界的な動きについて概観する。

　児童虐待から子どもたちを守ろうとする世界的な動きは1962年のケンプ（Kemp）らの研究を待つ必要があるが、すでに1800年代に児童虐待が、その後の精神疾患と関連するという研究がいくつか報告されている。フランスでは1859年にブリケ（Briquet）が、幼児期のトラウマの既往とヒステリー症状の関連を指摘してお

り、1878年にはタルデュー（Tardieu）によって児童への性的虐待の報告がなされている（Friedman et al., 2001）。またアメリカでは、1874年にメアリー・エレン事件が起こっているが、当時のアメリカでは虐待された子どもを守る法的根拠がなく、結局動物愛護協会が彼女の保護を請け負った。この事件を契機に同年には子ども虐待防止協会が発足している。しかしながらこれらの発見は、児童虐待防止の世界的な気運につながることはなく、すでに述べたケンプの1962年の「被殴打児症候群」の発表を待つ必要があった。そして1970年代は「レイプ・トラウマ症候群」、「バタードウーマン症候群」などのトラウマに関連する概念が相次いで提示され、1980年のDSM-ⅢのPTSDの診断基準にも大きな影響を与える（Friedman et al., 2001）。そしてアメリカを中心とした西欧諸国では急速に児童虐待への対応が整備されていった。

1●我が国の児童虐待

一方我が国の児童虐待への対応は、西欧諸国と比較すると遅れて始まったと言わざるを得ない。我が国で「児童虐待防止法」が施行されたのが2000年であることを見ても明らかであろう。だが2000年以前にも当然児童虐待は存在し、新聞などのマスメディアでの報道もなされていた。特に1988年に起こった西巣鴨子ども置き去り事件は、大きな関心を集めた。この事件は四人の子どもを置き去りに母親が蒸発し、末娘が亡くなった事件である。その後この事件は映画『誰も知らない』のモチーフとなった。しかし当時この事件の裁判では児童虐待という指摘はなく、児童虐待という認識が一般的でなかったことがうかがえる。

2000年の児童虐待防止法の施行以降の主な児童虐待事件を追っていくと（表Ⅲ-1-

表Ⅲ-1-4　日本における児童虐待事件

年代	事件	場所
1988	西巣鴨子ども置き去り事件	東京都豊島区
2000	武豊町3歳女児ネグレクト死事件	愛知県知多郡
2004	岸和田中学生ネグレクト事件	大阪府岸和田市
2005	18歳女性長期監禁事件	福岡県福岡市
2006	長岡京市3歳男児ネグレクト死事件	京都府長岡京市
2008	点滴汚染水混入事件	京都府京都市
2008	奈良市4か月双子男児虐待・死傷事件	奈良県奈良市
2009	7か月男児医療ネグレクト事件	福岡県福岡市

4)、2000年12月に起こった愛知県の武豊町3歳女児ネグレクト死事件は、児童虐待防止法が施行されて初めての死亡事件であった。2004年に大阪府で起きた岸和田中学生ネグレクト事件は、通告義務の拡大、立ち入り調査が拒否された場合警察へ捜査要求の提出が児童相談所長に義務づけられるなどの法改正に大きな影響を与えた。2005年に福岡県で起こった18歳女性長期監禁事件は、18歳を超えた者にも援助を行うという法改正に影響を与え、2006年に京都府で起こった長岡京市3歳男児ネグレクト死事件は、児童虐待の通告がなされた場合48時間以内に安全確認を行うことが望ましいという児童相談所運営指針の改定に影響を与えた。また京都で2008年に起こった点滴汚染水混入事件は、代理ミュンヒハウゼン症候群が我が国の刑事事件で初めて取り上げられた事件である。さらに2008年に奈良県で起こった奈良市4か月双子男児虐待・死傷事件は、虐待死に至る子どもの約4割が0歳児であることから、周産期母子への支援拡充の必要性を明確にし、乳幼児家庭の全戸訪問事業や、その後の特定妊婦制度へとつながっていく。2009年に福岡市で起こった7か月男児医療ネグレクト死事件では、児童虐待を受けている子どもの安全確保や支援に養育者の親権が妨げになることが問題となり、その後の親権の一時停止制度の導入に影響を与えた。このように重大な児童虐待事件をもとに、児童虐待に関する法整備が進められている。

一方、児童虐待は、発達過程にいる子どもが犠牲になること、またその加害者が本来子どもを守り、育む養育者であること、虐待そのものは日常的に行われることから長期間にわたり、反復されることなどから、非常に深刻かつ複雑な影響を与えると考えられており、そのためハーマン（Herman）は児童虐待について複雑性トラウマという概念を提示している。

2●我が国の殺人事件

一般的に殺人事件を想像すると、個人と個人の関係において事件が発生しているように思われるが、重大な殺人事件は関係者や地域社会、場合によっては日本全体に大きな衝撃を与える。ここでは我が国の重大な殺人事件、特に無差別殺人と呼ばれる事件を中心に概観する（表Ⅲ-1-5）。

1938年の津山事件は、岡山の山村で起こった事件であり、一人の犯人による直接的な殺人事件という意味では、1900年以降最も多い被害者を生んだ。また寿産院事件は戦後の混乱期において、嬰児を預かり、養育費や補助金を得たうえで嬰児殺しを行っていたという最も深刻な施設虐待の事例である。1997年の神戸連続

表Ⅲ-1-5　日本における殺人事件

年代	事件	場所	犠牲者
1938	津山事件	岡山県苫田郡	30人
1948	寿産院事件	東京都新宿区	100人以上
1997	神戸連続児童殺傷事件	兵庫県神戸市	2人
1999	下関通り魔殺人事件	山口県下関	5人
2001	附属池田小事件	大阪府池田市	8人
2008	秋葉原通り魔事件	東京都千代田区	7人
	土浦連続殺傷事件	千葉県土浦市	2人
2016	相模原市障害者施設殺傷事件	神奈川県相模原市	19人

　児童殺傷事件は、犯人が14歳の少年であったことなどから社会的関心を集めた。この事件後、こども110番の家の設置などが行われ、少年法についての議論が活発になった。附属池田小事件は、犯人が小学校に侵入し無差別殺人を起こしたことから、その後教育施設のセキュリティの強化が急がれるようになった。2008年の秋葉原通り魔殺人事件は、秋葉原で起こった無差別殺傷事件であり、この事件後銃刀法の改正などがなされている。そして2016年7月に神奈川県相模原市の障がい者施設「津久井やまゆり園」で、一人の被疑者によって入居者の19人が殺害され、27人が負傷する凄惨な殺傷事件が起こった。被疑者は同年2月まで同施設で常勤職員として勤務していた26歳の男性であり、報道によると重度の障害を持っている人は社会に不要であるという認識のもと犯行に及んだとされている。

　これらの殺人事件も、あまりにも突発的に起こり、直接被害に遭った方、もしくは目撃した人たちにとっては強いトラウマティックな体験となると考えられる。さらには、神戸連続児童殺傷事件、附属池田小事件のように子どもたちが安心して通えるはずの教育機関でこのような事件が生じた場合、その学校のみならず、周辺地域の子どもたちにもトラウマティックな体験になると考えられる。また相模原市の事件では、事件発生時同施設には157名の利用者と職員がおり、ご本人たちとその家族、職員、救急・警察の隊員などを合わせると数百人規模でPTSDのリスクがあると考えられる。さらには障がい者を標的としたことで、全国の障がい者やその関係者に、大きな怒り、不安、恐怖を与えた事件であろう。

3）おわりに

　本章では1900年以降を中心に世界のトラウマティックイベントを概観してきた。ただ今後もトラウマティックイベントそのものがなくなることはないであろう。しかし我々は経験から学ぶことができる。特に1980年以降のトラウマティックイベントに関しては、多くの研究がなされるようになった。本章が、その一助になればと願ってやまない。

（福榮太郎）

参考文献
川崎二三彦・増沢高（2014）『日本の児童虐待重大事件2000－2010』福村出版.
北嶋秀明（2015）『世界と日本の激甚災害事典―― 住民からみた100事例と東日本大震災』丸善出版.
Friedman, M. J., Keane, T. M., Resick, P. A. (eds.) (2001) *Handbook of PTSD: Science and Practice*. The Guilford Press.（金吉晴（監訳）（2014）『PTSDハンドブック――科学と実践』金剛出版）.
Kardiner, A. (1941) *War Stress and Neurotic Illness*. Hoeber.（中井久夫・加藤寛（訳）（2004）『戦争ストレスと神経症』みすず書房）.
Lifton, R. J. (1968) *Death in Life: Survivors of Hiroshima*. Random house.（桝井迪夫・湯浅信之・越智道雄ほか（訳）（2009）『ヒロシマを生き抜く――精神史的考察（上・下）』岩波書店）.
Nelson, C. A., Fox, N. A., Zeanah, C. H (2014) *Romania's Abandoned Children: Deprivation, Brain Development, and the Struggle for Recovery*. Harvard University Press.
Raphael, B. (1986) *When Disaster Strikes: How Individuals and Communities Cope with Catastrophe*. Basic Books.（石丸正（訳）（1989）『災害の襲うとき――カタストロフィの精神医学』みすず書房）.
van der Kolk, B. A., McFarlane, A. C., Weisaeth, L. (eds.) (1996) *Traumatic Stress : The Effects of Overwhelming Experience on Mind, Body, and Society*. The Guilford Press. （西澤哲（監訳）（2001）『トラウマティックストレス――PTSDおよびトラウマ反応の臨床と研究のすべて』誠信書房）.

索引

英数字

AAI →アダルト・アタッチメント・インタビュー
APA →米国精神医学会
ASD →急性ストレス障害
CAPS →外傷後ストレス障害臨床診断面接尺度
CAPS-CA *140*
CBCL *140*
DSM →精神障害の診断・統計マニュアル
DSM-5 *121-124*
DV →ドメスティックバイオレンス
DV防止法 *23*
EMDR →眼球運動による脱感作と再処理法
IC →インフォームドコンセント
ICD *131*
ICD-11 *132*
IES-R →改訂出来事インパクト尺度
PE療法 →長時間曝露療法,持続エクスポージャー療法
PTSD →心的外傷後ストレス障害
PTSDの発生率 *127*
PTSDのリスク要因 *129*
SNRI →ミルナシプラミン塩酸塩
SNS（ソーシャルネットワーキングサービス）*40*
SSP →ストレンジ・シチュエーション法
SSRI →選択的セロトニン再取り込み阻害薬
TF-CBT →認知行動療法
TSCC *140*
UCLA PTSD *140*
WAIS-Ⅲ *52*
WHO *131*

あ行

アタッチメント障害 *158*
アダルト・アタッチメント・インタビュー *162*
アドボケイター *24*
アドレナリン作動薬 *142*
アリピプラゾール →抗精神病薬（高力価群）
安全基地 *55*
怒りの温度計 *54*
意見書 *98*
いじめ *40,83*
いじめ対策支援チーム *40*
遺族 *31*
インフォームドコンセント *140*
ウィニコット *154*
うつ *134*
うつ病 *65,79*
うつ・不安 *136*
エクスポージャー *93*

か行

カーディナー *120,170*
カーン *154*
『快原理の彼岸』*153*
外傷後ストレス障害 →心的外傷後ストレス障害
外傷後ストレス障害臨床診断面接尺度 *126*
改訂出来事インパクト尺度 *126,140*
回避 *135*
解離 *76,105*
解離症状 *136*
害を与えない *62*
過覚醒 *114,135*
学生相談室 *52*
家族画 *114*
学校生活 *49*
家族再統合 *112*
仮面うつ病 *82*
眼球運動による脱感作と再処理法 *85,148*
環境療法 *107*
関係機関との連携 *19*
かんしゃく *136*
感情 *31*
神田橋処方 *142*
カンファレンス *115*

記憶の消化 *55*
危機介入 *32*
急性ストレス障害 *136*
急性ストレス反応 *113*
共依存 *22*
教員 *50*
境界性パーソナリティ障害 *72*
恐怖反応 *136*
ギル *107*
グァンファシン →アドレナリン作動薬
クエチアピン →抗精神病薬（低力価群）
クロニジン →アドレナリン作動薬
クロミプラミン →三環系抗うつ薬
桂枝加芍薬湯 *142*
刑事裁判における被害者支援制度 *18*
刑事事件 *101*
継続した精神的ケア *20*
幻聴 *74*
攻撃性 *71,143*
攻撃的な言動 *136*
抗精神病薬（高力価群）*143*
抗精神病薬（低力価群）*143*
広汎性発達障害 *52*
子ども―親心理療法 *164*
子どもに見られるその他のトラウマ症状 *136*

さ行

三環系抗うつ剤 *142*
シェルショック *120*
支援体制 *37*
『自我とエス』*153*
自殺念慮 *32,71*
自傷行為 *143*
自助グループ *19*
地震 *48*
施設内暴力 *107*
持続エクスポージャー療法 *148*
児童家庭支援センター *25*
児童虐待 *134*
児童自立支援施設 *44*
児童相談所 *113*

180

索引

児童養護施設 *104*
自閉症スペクトラム障害 *83*
四物湯 *142*
社交不安障害 *92*
ジャネ *151*
シャルコー *151*
住民対応 *64*
就労支援 *54*
出席停止 *40*
殉職 *60*
生涯経験率 *128*
消極的ネグレクト *26*
証言 *99*
処遇 *44*
初年次教育 *54*
震災復興 *64*
心的外傷後ストレス障害 *120-126*
侵入症状
心理教育 *36, 49, 146*
睡眠障害 *109*
スタディ・スキルズ *54*
スティグマ *62, 141*
ストレートトラウマ連続体 *161*
ストレングス *35*
ストレンジ・シチュエーション法 *162*
生活臨床 *111*
『制止、症状、不安』 *153*
精神障害の診断・統計マニュアル *121*
精神分析療法 *151*
性犯罪 *34*
セクシャルハラスメント *21*
遷延性悲嘆障害 *132*
戦争による外傷神経症 *120*
選択的セロトニン再取り込み阻害薬 *139*
双極II型障害 *71*
組織主導 *62*

た行
脱抑制型対人交流障害 *159, 160*
地下鉄サリン事件 *125, 171*
長期化するうつ症状 *82*
長期的影響 *24*
長時間曝露療法 *148*
低身長・低体重 *25*
統合失調症 *74*
ドメスティックバイオレンス *21, 98, 134*
トラウマ症状 *134*
トラウマ焦点化(フォーカスト)認知行動療法 *51, 147, 149*
トラウマティック・プレイ *27*
トラウマとうつ *82*
トラウマの再演 *105*
トリガー *35*

な行
内的作業モデル *162*
新潟県中越地震 *125*
二重過程モデル *90*
二次障害 *53*
二次被害 *35*
乳児院入所措置 *109*
乳幼児観察 *156*
認知行動療法 *95*
認知や気分の変化 *134*

は行
ハーマン *106, 176*
配偶者暴力相談支援センター *23*
激しい泣き *136*
箱庭療法 *106*
発達障害 *52, 83*
発達性のトラウマ障害 *161*
犯罪被害相談員 *17*
阪神淡路大震災 *125, 174*
反応性愛着障害 *26, 110, 159, 160*
被害者参加制度 *18*
被害妄想 *74*
東日本大震災 *125, 174*
引き金 *30*
非行行動への治療教育 *45*
非行の背景要因 *46*
ヒステリー *120*
『ヒステリー研究』 *152*
悲嘆 *89*
悲嘆反応 *49*
ピック *156*
ビデオフィードバック *94*
避難所生活 *48*
不安 *134*
不安階層表 *93*
複雑性悲嘆質問票 *88*
複雑性外傷後ストレス障害 *106*
複雑性悲嘆 *88, 127*
附属池田小事件 *125, 177*
プラセボ試験 *142*
フラッシュバック *76*
プレイセラピー *163*
ブロイアー *151*
フロイト *120, 151-155*
分離不安 *136*
ペアレント・トレーニング *163*
米国精神医学会 *121*
ベック抑うつ質問票(BDI-II) *65, 89*
ベルネーム *151*
ベンゾジアゼピン系抗不安薬 →ベンゾジアゼピン系薬剤
ベンゾジアゼピン系薬剤 *70, 143*
保育園 *25*
ボウルビィ *154, 170*
ポストトラウマティック・プレイ *107*

ま行
マスコミ取材への対応 *18*
ミアンセリン →四環系抗うつ剤
見守り *61*
未来が短縮した感覚 *51*
ミルナシプラミン塩酸塩 *141*
民間被害者支援センター *16*
民事事件 *101*
無為自閉 *75*
メラトニン受容体アゴニスト *143*
問題行動 *71*

や行
薬物療法 *139*
有病(症)率 *127, 132*
四環系抗うつ剤 *143*

ら行
烙印 *141*
ラメルテオン →メラトニン受容体アゴニスト
リスペリドン →抗精神病薬(高力価群)
リソース *55*
リラクセーション *147*
累積トラウマ *154*
レジリエンス *130*
レボメプロマジン →抗精神病薬(低力価群)

わ行
ワーク・ディスカッション *157*
ワンストップ支援センター *36*

執筆者一覧

「トラウマ」編者

藤森和美（ふじもり かずみ）	武蔵野大学 人間科学部人間科学科	
青木紀久代（あおき きくよ）	お茶の水女子大学 基幹研究院	

執筆者（五十音順）

氏名	所属	担当
青木紀久代	監修者・編者	はじめに・第5章扉・理論編7
浅野恭子（あさの やすこ）	大阪府立子どもライフサポートセンター	事例7
畦地道代（あぜち みちよ）	国立病院機構 大阪医療センター 精神科	理論編4
糸井岳史（いとい たけし）	路地裏発達支援オフィス	事例15
伊藤正哉（いとう まさや）	国立精神・神経医療研究センター 認知行動療法センター	事例16
岩藤裕美（いわふじ ひろみ）	お茶の水女子大学 人間発達教育科学研究所	事例3
上田順一（うえだ じゅんいち）	大倉山子ども心理相談室	理論編6
梅林厚子（うめばやし あつこ）	大阪青山大学 健康科学部子ども教育学科	事例9
大江美佐里（おおえ みさり）	久留米大学 医学部神経精神医学講座	第4章扉・事例12・事例14
大澤智子（おおさわ ともこ）	ひょうご震災記念21世紀研究機構 兵庫県こころのケアセンター	第3章扉・事例10
亀岡智美（かめおか さとみ）	ひょうご震災記念21世紀研究機構 兵庫県こころのケアセンター	理論編5
楠本節子（くすもと せつこ）	認定NPO法人 大阪被害者支援アドボカシーセンター	事例1
塩谷隼平（しおや しゅんぺい）	東洋学園大学 人間科学部	事例19
白井明美（しらい あけみ）	国際医療福祉大学大学院 医療福祉学研究科臨床心理学専攻	第1章扉・事例4
城月健太郎（しろつき けんたろう）	武蔵野大学 人間科学部人間科学科	事例17
鈴木友理子（すずき ゆりこ）	国立精神・神経医療研究センター 精神保健研究所 成人精神保健研究部災害等支援研究室	理論編2
辻惠介（つじ けいすけ）	武蔵野大学 人間科学部人間科学科	事例13・事例18
土岐祥子（とき さちこ）	武蔵野大学大学院 人間社会研究科博士後期課程	理論編3
長屋裕介（ながや ゆうすけ）	関西大学大学院 心理学研究科博士課程後期課程	事例21
野坂祐子（のさか さちこ）	大阪大学大学院 人間科学研究科人間科学部	事例5
畑山愛（はたけやま あい）	北翔会 札幌乳児院	事例20
廣常秀人（ひろつね ひでと）	国立病院機構 大阪医療センター 精神科	理論編4
福榮太郎（ふくえ たろう）	横浜国立大学 保健管理センター	事例2・資料編
藤森和美	編者	はじめに・理論編扉・理論編1・資料編扉
松浦正一（まつうら しょういち）	帝京平成大学 健康メディカル学部臨床心理学科	第2章扉・事例6・事例11
山田幸恵（やまだ さちえ）	東海大学 文学部心理・社会学科	事例8

編者・監修者

藤森 和美 武蔵野大学人間科学部人間科学科教授。人間科学博士。臨床心理士。主な著書に『子どもへの性暴力――その理解と支援』(共著、誠信書房、2013年)、『学校安全と危機管理(改訂版)』(共著、大修館書店、2013年)、『発達障害とキャリア支援』(共編、金剛出版、2014年)、『青少年赤十字防災教育プログラム まもるいのち ひろめるぼうさい』(日本赤十字社、2015年)、『災害時のメンタルヘルス』(共著、医学書院、2016年)など。

青木 紀久代 お茶の水女子大学基幹研究院准教授。博士(心理学)。臨床心理士。主な著書に『いっしょに考える家族支援――現場で役立つ乳幼児心理臨床』(編著、明石書店、2010年)、『社会的養護における生活臨床と心理臨床』(共編著、福村出版、2012年)など。

野村 俊明 日本医科大学医療心理学教室教授。精神保健指定医・精神科専門医・精神科指導医・臨床心理士。主な著書に『非行精神医学――青少年の問題行動への実践的アプローチ』(共著、医学書院、2006年)、『生命倫理の教科書――何が問題なのか』(共編著、ミネルヴァ書房、2014年)など。

堀越 勝 国立精神・神経医療研究センター 認知行動療法センター センター長。クリニカル・サイコロジスト(マサチューセッツ州)。主な著書に『精神療法の基本――支持から認知行動療法まで』(共著、医学書院、2012年)、『ケアする人の対話スキルABCD』(日本看護協会出版会、2015年)など。

これからの対人援助を考える くらしの中の心理臨床
③トラウマ

2016年11月1日　初版第1刷発行

監修者	野村 俊明・青木 紀久代・堀越 勝
編　者	藤森 和美・青木 紀久代
発行者	石井 昭男
発行所	福村出版株式会社
	〒113-0034　東京都文京区湯島2-14-11
	電話　03-5812-9702／ファクス　03-5812-9705
	http://www.fukumura.co.jp
装　幀	臼井 弘志(公和図書デザイン室)
印　刷	株式会社文化カラー印刷
製　本	協栄製本株式会社

© 2016 Kazumi Fujimori, Kikuyo Aoki, Toshiaki Nomura, Masaru Horikoshi
Printed in Japan
ISBN978-4-571-24553-4

定価はカバーに表示してあります。
落丁本・乱丁本はお取り替えいたします。

福村出版◆好評図書

野村俊明・青木紀久代・堀越 勝 監修／野村俊明・青木紀久代 編
これからの対人援助を考える　くらしの中の心理臨床
①うつ
◎2,000円　　ISBN978-4-571-24551-0　C3311

様々な「うつ」への対処を21の事例で紹介。クライエントの「生活」を援助する鍵を多様な視点で考察。

野村俊明・青木紀久代・堀越 勝 監修／林 直樹・松本俊彦・野村俊明 編
これからの対人援助を考える　くらしの中の心理臨床
②パーソナリティ障害
◎2,000円　　ISBN978-4-571-24552-7　C3311

様々な問題行動として現れるパーソナリティ障害への対処を22の事例で紹介し，多職種協働の可能性を示す。

A. F. リーバーマン・P. V. ホーン 著／青木紀久代 監訳／門脇陽子・森田由美 訳
子ども−親心理療法
トラウマを受けた早期愛着関係の修復
◎7,000円　　ISBN978-4-571-24054-6　C3011

DV，離婚，自殺等で早期愛着が傷ついた乳幼児・就学前児童と家族の回復を目指す子ども−親心理療法。

S. バートン・R. ゴンザレス・P. トムリンソン 著／開原久代・下泉秀夫 他 監訳
虐待を受けた子どもの
愛着とトラウマの治療的ケア
●施設養護・家庭養護の包括的支援実践モデル
◎3,500円　　ISBN978-4-571-42053-5　C3036

虐待・ネグレクトを受けた子どもの治療的ケアと，施設のケアラー・組織・経営・地域等支援者を含む包括的ケア論。

R. ローズ・T. フィルポット 著／才村眞理 監訳
わたしの物語　トラウマを受けた
子どもとのライフストーリーワーク
◎2,200円　　ISBN978-4-571-42045-0　C3036

施設や里親を転々とする子どもたちの過去をたどり，虐待や親の喪失によるトラウマからの回復を助ける。

日本応用心理学会 企画／森下高治・蓮花一己・向井希宏 編
現代社会と応用心理学 4
クローズアップ「メンタルヘルス・安全」
◎2,400円　　ISBN978-4-571-25504-5　C3311

現代社会における職場や日常生活でのメンタルヘルス，ヒューマンエラー，リスクマネジメントを考える。

藤森立男・矢守克也 編著
復興と支援の災害心理学
●大震災から「なに」を学ぶか
◎2,400円　　ISBN978-4-571-25041-5　C3011

過去に起きた数々の大震災から，心の復興・コミュニティの復興・社会と文化の復興と支援の可能性を学ぶ。

◎価格は本体価格です。